초등영어일기 따라쓰기

30일 완성

주선이 지음

📖 동양북스

☆ **저자 주선이**

영어교육과 스토리텔링을 전공하고, 중학교 영어 교사를 거쳐 (주)대교, (주)엔엑스씨(NXC), (주)캐치잇플레이 등에서 근무했다. 다수의 영어 교재를 집필하고 교육과 기술을 접목한 다양한 에듀테크(Edutech) 콘텐츠 및 서비스를 개발했다. 현재 (주)유엔젤의 디지털 교실영어 프로그램 '플라잉'을 개발 중이다. 대표 저서로 『기적의 영어문장 만들기』, 『기적의 맨처음 영단어』, 『기적의 사이트 워드』, 『기적의 영어문장 트레이닝 800』, 『초등 영어를 결정하는 파닉스』, 『초등 영어를 결정하는 영문법』, 『바쁜 5·6학년을 위한 빠른 영어특강: 영어 시제 편』 등이 있다.

가장 쉬운 초등영어일기 따라쓰기 30일 완성

초판 1쇄 발행 2020년 10월 15일 | **초판 6쇄 발행** 2024년 5월 1일

지은이 주선이 | **발행인** 김태웅 | **마케팅 총괄** 김철영 | **제작** 현대순 | **기획·편집** 황준 | **디자인** 남은혜, 김지혜 | **원어민 감수** Michael A. Putlack

발행처 (주)동양북스 | **등록** 제 2014-000055호(2014년 2월 7일) | **주소** 서울시 마포구 동교로22길 14 (04030) | **구입 문의** 전화 (02)337-1737 팩스 (02)334-6624

ISBN 979-11-5768-654-4   63740

© 2020, 주선이

 **머리말**

『가장 쉬운 초등영어일기 따라쓰기』는 다년간 가정과 교육현장에서 직접 초등학생들에게 영어일기를 지도한 경험을 바탕으로 집필한 것입니다. 영어일기를 쓰는 과정을 통해 소중한 추억뿐만 아니라 기대 이상의 학습 효과를 얻었답니다.

이 교재가 누구에게나 소중한 경험과 결과를 얻을 수 있는 좋은 안내서가 되길 기대하며 다음과 같은 목적으로 구성했습니다.

첫째, 하루 6줄로 된 쉬운 글감으로 학습의 부담을 줄였어요.
매일 짧은 시간의 집중 학습으로 성취감을 경험하는 동시에 바른 학습 습관을 키울 수 있어요.

둘째, 매일 글감을 읽고, 듣고, 직접 손으로 따라 쓰는 학습 활동을 반복해요.
이는 읽기, 듣기, 말하기, 쓰기의 언어 능력을 골고루 키워 주는 동시에, 자연스럽게 글감이 뇌에 새겨져 기억을 연장시켜 줄 것입니다. 특히, 문장들은 꼭 익혀야 할 기초 패턴들로 구성되어 문장을 통째로 기억하면 더욱 좋습니다.

셋째, 초등학생의 일상적인 주제로 구성된 이야기를 아기자기한 삽화와 함께 구성했어요.
가정과 학교에서 겪을 수 있는 이야기와 삽화는 아이들의 흥미를 높이고 자기표현 능력도 키워 줄 것입니다.

마지막으로, 일기본문을 영어 자판 연습이나 영어 문장 낭송[암송]에 활용할 수 있어요.
특히, 매일 본문을 하나씩 암송하는 연습을 통해 어휘력, 암기력과 말하기 능력 모두 크게 향상되는 것을 아이들을 지도하면서 직접 확인할 수 있었답니다.

좋은 책을 만들기 위해 마음과 정성을 쏟으며, 함께 애써 준 동양북스 기획 2팀에게 감사의 마음을 전합니다. 또한 이 책으로 학습하는 모든 이들이 함께 소중한 추억을 만들고 나눌 수 있길 바랍니다.

저자 주선이

이 책의 구성

하루 2장으로 영어일기를 익혀요!

하루 2장, 6문장으로 영어일기를 하루 20분 내에 학습합니다.
1개월 집중 학습으로 영어일기 쓰기의 감각을 키울 수 있습니다.

 일기 본문

눈으로 먼저 읽어 보고, 해석을 통해 의미를 파악합니다. 원어민 음성 파일을 통해 귀와 입으로 발음과 억양을 함께 익힙니다.

MP3 무료 다운로드
www.dongyangbooks.com

 A 일기 따라 써 보기

눈과 귀로 익힌 일기의 본문을 손으로 직접 써 보면서 문장력을 키우고, 표현 방식을 익힙니다.
이때 소리 내어 읽으면 우리 뇌는 더 오래 기억하게 됩니다.

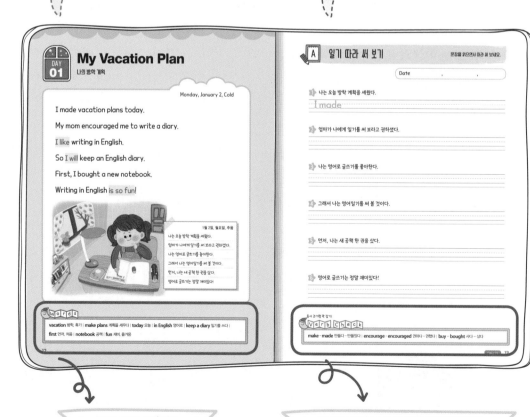

✦ 주요 단어 뜻 확인! ✦   ✦ 본문에 나온 주요 동사의 과거형 확인! ✦

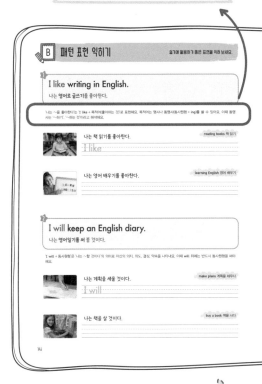

B 패턴 표현 익히기

본문에 소개된 패턴 3가지를 각각 2개의 예문으로 응용하며 작문을 연습합니다.

C 마무리하기

핵심 패턴 표현을 정리하며 학습을 마무리합니다.

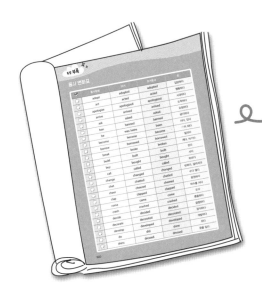

특별부록

본문에 나오는 동사의 변화형을 알파벳 순서로 정리했습니다.

차례

매일 일기 쓰는 습관을 위한 학습 계획표

학습 계획	일기 주제	패턴 표현
☑ Day 01 ____월____일	**My Vacation Plan** 나의 방학 계획	☑ I like ☐ I will ☐ ~ is so fun!
☐ Day 02 ____월____일	**Reading Books Is Exciting!** 책 읽기는 재미있어!	☐ I went to ☐ I finished ☐ I am going to
☐ Day 03 ____월____일	**My Cute Brother** 나의 귀여운 동생	☐ I spent ~ with ☐ I had to ☐ I tried to
☐ Day 04 ____월____일	**My New Hobby** 나의 새로운 취미	☐ I am good at ☐ It's interesting to ☐ My new hobby is
☐ Day 05 ____월____일	**The New School Year** 새 학년	☐ ~ started today ☐ I really like ☐ I'm so
☐ Day 06 ____월____일	**I Got Up Late!** 늦잠을 자 버렸다!	☐ I had no time for ☐ I usually ☐ Luckily, I arrived
☐ Day 07 ____월____일	**We Are Still Good Friends** 우리는 여전히 좋은 친구야	☐ I had an argument with ☐ I never thought ☐ I need to
☐ Day 08 ____월____일	**I'm So Sorry, Mom!** 엄마, 정말 죄송해요!	☐ I lost ☐ I felt ☐ I think I should
☐ Day 09 ____월____일	**My New Bike** 나의 새 자전거	☐ I went 동사ing ☐ ~ is popular these days ☐ I am happy with
☐ Day 10 ____월____일	**My Friend's Birthday Party** 내 친구의 생일 파티	☐ It was ~ today ☐ I bought A for B ☐ We enjoyed
☐ Day 11 ____월____일	**Happy Parents' Day!** 행복한 어버이날!	☐ I didn't have much ☐ I made ☐ It was nice to
☐ Day 12 ____월____일	**My Family Outing** 가족 소풍	☐ We ate A for B ☐ We played ☐ I hope to
☐ Day 13 ____월____일	**My Pet Dog, Max** 나의 반려견, 맥스	☐ I'm in charge of ☐ It's hard to ☐ It's good for
☐ Day 14 ____월____일	**Interesting Space Science** 재미있는 우주 과학	☐ I learned about ☐ My favorite subject is ☐ I'm interested in
☐ Day 15 ____월____일	**Too Much Homework** 너무 많은 숙제	☐ I had a lot of ☐ I didn't feel like 동사ing ☐ I really hate

1. 날짜 쓰기

Wednesday,   March 25,   2021

| Day of the week(요일) | Date(월+일) | Year(연도) |

① 요일과 월은 항상 첫 글자를 대문자로 써요.
② 요일, 월+일, 연도의 순서로 쓰고, 그 사이에 쉼표를 써요.
③ 연도는 생략할 수 있어요.

Day of the week(요일)

일요일	Sunday (Sun.)
월요일	Monday (Mon.)
화요일	Tuesday (Tues.)
수요일	Wednesday (Wed.)
목요일	Thursday (Thurs.)
금요일	Friday (Fri.)
토요일	Saturday (Sat.)

Date(월+일)_Month(월)

1월	January (Jan.)	7월	July (Jul.)
2월	February (Feb.)	8월	August (Aug.)
3월	March (Mar.)	9월	September (Sept.)
4월	April (Apr.)	10월	October (Oct.)
5월	May	11월	November (Nov.)
6월	June (Jun.)	12월	December (Dec.)

Date(월+일)_Day(일) ➡ 숫자로 써도 되지만 서수로 쓰기도 해요. 단, 읽을 때는 1st(first), 2nd(second)처럼 서수로 읽어야 해요.

• 서수 표기법

1st	2nd	3rd	4th	5th	6th	7th
8th	9th	10th	11th	12th	13th	14th
15th	16th	17th	18th	19th	20th	21st
22nd	23rd	24th	25th	26th	27th	28th
29th	30th	31st				

2. 날씨 쓰기

Weather(날씨) ➜ 우리말 일기에는 날씨를 명사로 쓰지만 영어일기에는 날씨를 나타내는 형용사를 그대로 써 주면 돼요.

따뜻한	Warm	흐린	Cloudy
맑은, 화창한	Clear, Fine, Bright	바람 부는	Windy
해가 쨍쨍	Sunny	비 오는	Rainy
더운/몹시 더운	Hot/Very hot	눈 오는	Snowy
추운/쌀쌀한/선선한	Cold/Chilly/Cool	습한	Humid

3. 문장 쓰기

I went shopping for a bike with my dad.

I picked a blue one.

This model is popular these days.

I am happy with my new bike.

My friend Mina has the same one, too.

I will ask her to go cycling tomorrow.

① 'I'는 항상 대문자로 써요.
② 문장의 첫 글자는 항상 대문자로 써요.
③ 문장 끝에는 항상 마침표(.), 물음표(?), 느낌표(!)와 같은 문장 부호를 꼭 써요.

DAY 01

My Vacation Plan
나의 방학 계획

I made vacation plans today.

My mom encouraged me to write a diary.

I like writing in English.

So I will keep an English diary.

First, I bought a new notebook.

Writing in English is so fun!

1월 2일, 월요일, 추움

나는 오늘 방학 계획을 세웠다.

엄마가 나에게 일기를 써 보라고 권하셨다.

나는 영어로 글쓰기를 좋아한다.

그래서 나는 영어일기를 써 볼 것이다.

먼저, 나는 새 공책 한 권을 샀다.

영어로 글쓰기는 정말 재미있다!

Words

vacation 방학, 휴가 | **make plans** 계획을 세우다 | **today** 오늘 | **in English** 영어로 | **keep a diary** 일기를 쓰다 |

first 먼저, 처음 | **notebook** 공책 | **fun** 재미, 즐거움

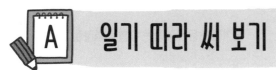

Date   ,   ,

1 나는 오늘 방학 계획을 세웠다.

I made

2 엄마가 나에게 일기를 써 보라고 권하셨다.

3 나는 영어로 글쓰기를 좋아한다.

4 그래서 나는 영어일기를 써 볼 것이다.

5 먼저, 나는 새 공책 한 권을 샀다.

6 영어로 글쓰기는 정말 재미있다!

동사 과거형 꽉 잡기!

Verb Check

make – made 만들다 – 만들었다 | encourage – encouraged 권하다 – 권했다 | buy – bought 사다 – 샀다

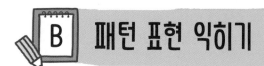
1

I like writing in English.

나는 영어로 글쓰기를 좋아한다.

'나는 ~을 좋아한다'는 'I like + 목적어(좋아하는 것)'로 표현해요. 목적어는 명사나 동명사(동사원형 + ing)를 쓸 수 있어요. 이때 동명사는 '~하기', '~하는 것'이라고 해석해요.

나는 책 읽기를 좋아한다.

> reading books 책 읽기

I like

나는 영어 배우기를 좋아한다.

> learning English 영어 배우기

2

I will keep an English diary.

나는 영어일기를 써 볼 것이다.

'I will + 동사원형'은 '나는 ~할 것이다'의 의미로 자신의 의지, 의도, 결심, 약속을 나타내요. 이때 will 뒤에는 반드시 동사원형을 써야 해요.

나는 계획을 세울 것이다.

> make plans 계획을 세우다

I will

나는 책을 살 것이다.

> buy a book 책을 사다

Writing in English is so fun!

영어로 글쓰기는 정말 재미있다!

'~는 정말 재미있다'는 '주어(재미있는 것) + is so fun'으로 표현해요. 주어 자리에는 명사나 동명사(동사원형 + ing)를 쓸 수 있어요. 이때 동명사는 '~하기', '~하는 것'이라고 해석해요.

그 영화는 정말 재미있다!

the movie 그 영화

------- is so fun! -------

캠핑은 정말 재미있다!

camping 캠핑

 C 마무리하기

내 일기에 활용할 수 있도록 오늘 표현을 정리해 보세요.

1 나는 **영어로 글쓰기를 좋아한다.**

writing in English.

2 나는 **영어일기를 써 볼 것이다.**

keep an English diary.

3 영어로 글쓰기는 정말 재미있다!

Writing in English   !

DAY 02

Reading Books Is Exciting!

책 읽기는 재미있어!

Tuesday, April 12, Bright

I went to the library today.

I borrowed three adventure books.

I finished reading them in an hour.

The story was so fun and exciting.

So I couldn't stop reading!

I am going to return the books tomorrow.

4월 12일, 화요일, 화창함

나는 오늘 도서관에 갔다.

나는 모험 소설책 3권을 빌렸다.

나는 1시간 만에 책 읽기를 끝냈다.

그 이야기는 너무 재미나고 흥미진진했다.

그래서 난 책 읽는 것을 멈출 수가 없었다!

나는 내일 이 책들을 반납할 거다.

Words

library 도서관 | **adventure book** 모험 소설책 | **in an hour** 한 시간 만에 | **story** 이야기 | **exciting** 흥미진진한 | **return** 반납하다

Date _____ , _____ ,

1 나는 오늘 도서관에 갔다.

I went

2 나는 모험 소설책 3권을 빌렸다.

3 나는 1시간 만에 책 읽기를 끝냈다.

4 그 이야기가 너무 재미나고 흥미진진했다.

5 그래서 난 책 읽는 것을 멈출 수가 없었다!

6 나는 내일 이 책들을 반납할 거다.

동사 과거형 꽉 잡기!

Verb Check

go – went 가다 – 갔다 | borrow – borrowed 빌리다 – 빌렸다 | finish – finished 끝내다 – 끝냈다

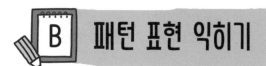

 B 패턴 표현 익히기

일기에 활용하기 좋은 표현을 익혀 보세요.

1

I went to **the library.**

나는 **도서관에** 갔다.

'나는 ~에 간다[갔다]'는 'I go[went] to + 명사(장소)'로 표현해요. 동사 go(가다)의 과거형은 went예요. 과거형으로 쓸 때 주의하세요.
그리고 전치사 to는 '~에'라는 의미로 to 뒤에는 장소를 써요.

나는 8시에 학교에 간다. (go)

school 학교 / at eight 8시에

I go to _____ at eight.

나는 박물관에 갔다. (went)

the museum 박물관

_____

2

I finished **reading the books.**

나는 **책 읽기를** 끝냈다.

'나는 ~을 끝냈다'는 'I finished + 목적어(명사/동사ing)'로 표현해요. 동사 finished는 finish(끝내다)의 과거형이에요. 목적어로 명사가
오고, 동사가 오는 경우 반드시 '동사원형 + ing'로 써야 해요.

나는 케이크를 끝냈다(다 먹어치웠다).

the cake 케이크

I finished _____

나는 내 방 청소를 끝냈다.

cleaning my room 내 방 청소하기

_____

18

3
I am going to return the books.
나는 이 책들을 반납할 것이다.

'I am going to + 동사원형'은 '나는 ～할 것이다'의 의미로, 미리 예정되었거나 계획된 것을 나타내요. 이때 to 뒤에는 반드시 동사원형을 써야 해요.

나는 영화를 볼 계획이다.

watch a movie 영화를 보다

I am going to

나는 여기서 멈출 것이다.

stop here 여기서 멈추다

C 마무리하기

내 일기에 활용할 수 있도록 오늘 표현을 정리해 보세요.

1 나는 도서관에 갔다.

the library.

2 나는 책 읽기를 끝냈다.

reading the books.

3 나는 이 책들을 반납할 것이다.

return the books.

DAY 03

My Cute Brother
나의 귀여운 동생

Saturday, May 23, Warm

I spent the afternoon with my brother today.

I had to take care of him because my parents went out.

He followed me around.

I tried to make him happy.

We played hide-and-seek and built a ship with Lego bricks.

My brother is so cute.

5월 23일, 토요일, 따뜻함

나는 오늘 오후를 동생과 보냈다.

부모님이 외출을 하셨기 때문에 내가 동생을 돌봐야 했다.

동생은 나를 졸졸 따라다녔다.

나는 동생을 즐겁게 해 주려고 노력했다.

우리는 숨바꼭질을 하고 레고 블록으로 배를 만들었다.

내 동생은 정말 귀엽다.

Words

take care of ~를 돌보다 | go out 외출하다 | follow around 졸졸 따라다니다 | play hide-and-seek 숨바꼭질을 하다 |
Lego bricks 레고 블록 | cute 귀여운

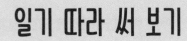

A 일기 따라 써 보기

문장을 읽으면서 따라 써 보세요.

Date   ,   ,

1 나는 오늘 오후를 동생과 보냈다.

I spent

2 부모님이 외출을 하셨기 때문에 내가 동생을 돌봐야 했다.

3 동생은 나를 졸졸 따라다녔다.

4 나는 동생을 즐겁게 해 주려고 노력했다.

5 우리는 숨바꼭질을 하고 레고 블록으로 배를 만들었다.

6 내 동생은 정말 귀엽다.

동사 과거형 꽉 잡기!

Verb Check

spend – spent 보내다 – 보냈다 | **follow – followed** 따르다 – 따랐다 | **build – built** 짓다 – 지었다

1

I spent the afternoon with my brother.
나는 **동생과 오후를** 보냈다.

'나는 (누구)와 (시간)을 보낸다[보냈다]'는 'I spend[spent] + 목적어(시간) + with 사람'으로 표현해요. 동사 spend(보내다)의 과거형은 spent예요. 과거형을 쓸 때 주의하세요. 전치사 with는 '~와 함께'라는 의미로 with 뒤에는 사람을 써요.

 나는 우리 가족과 휴일을 보낸다. (spend)   the holiday 휴일 / my family 우리 가족

I spend ——————————— with ————————

 나는 내 친구들과 2시간을 보냈다. (spent)   two hours 2시간 / my friends 내 친구들

—————————————————————————

2

I had to take care of him.
나는 **그를 돌봐야** 했다.

'I have[had] to + 동사원형'은 '나는 ~해야 한다[했다]'의 의미로, 의무를 나타내는 표현이에요. 조동사 have to의 과거형은 had to이고 to 뒤에는 반드시 동사원형을 써야 해요. 참고로 have to는 must로도 쓸 수 있지만 must가 더 강한 의무 표현이에요.

 나는 숙제를 해야 한다. (have to)   do my homework 숙제를 하다

I have to ——————————————————

 나는 약을 먹어야 했다. (had to)   take some medicine 약을 먹다

—————————————————————————

I tried to make him happy.
나는 그를 즐겁게 해 주기 위해 노력했다.

'나는 ~하기 위해 노력한다[노력했다]'는 'I try[tried] to + 동사원형'으로 표현해요. 동사 try(노력하다)의 과거형은 tried예요. 과거형을 쓸 때 주의하세요. 그리고 to 뒤에는 반드시 동사원형을 써야 해요.

나는 이기기 위해 노력한다. (try to)

win 이기다

I try to

나는 규칙을 따르기 위해 노력했다. (tried to)

follow the rules 규칙을 따르다

C 마무리하기

내 일기에 활용할 수 있도록 오늘 표현을 정리해 보세요.

1 나는 **동생**과 **오후**를 보냈다.

the afternoon   my brother.

---

2 나는 **그를 돌봐야** 했다.

take care of him.

---

3 나는 그를 즐겁게 해 주기 위해 노력했다.

make him happy.

DAY 04

My New Hobby
나의 새로운 취미

Saturday, August 14, Sunny

My sister bought an origami book today.

I am good at making things.

We folded paper cranes and a paper airplane.

It's interesting to learn new things.

I will fold a flower tomorrow.

From today, my new hobby is origami.

8월 14일, 토요일, 해가 쨍쨍

오늘 언니가 종이접기 책을 샀다.

나는 만들기를 잘한다.

우리는 종이학과 종이비행기를 접었다.

새로운 걸 배우는 것은 재미있다.

내일은 꽃을 접어 봐야겠다.

오늘부터 나의 새로운 취미는 종이접기이다.

hobby 취미 | **origami** 종이접기 | **thing** 물건, 것 | **paper** 종이 | **crane** 학 | **interesting** 흥미로운 | **learn** 배우다

A 일기 따라 써 보기

문장을 읽으면서 따라 써 보세요.

Date   ,   ,

1 오늘 언니가 종이접기 책을 샀다.

My sister bought

2 나는 만들기를 잘한다.

3 우리는 종이학과 종이비행기를 접었다.

4 새로운 걸 배우는 것은 재미있다.

5 내일은 꽃을 접어 봐야겠다.

6 오늘부터 나의 새로운 취미는 종이접기이다.

동사 과거형 꽉 잡기!

Verb Check

buy - bought 사다 - 샀다 | fold - folded 접다 - 접었다 | is - was 이다 - 이었다

1

I am good at **making things.**

나는 **만들기**를 잘한다.

'나는 ~을 잘한다'는 'I am good at 명사/동사ing'로 표현해요. 전치사 at 뒤에는 명사가 오고, 동사가 올 경우 동명사(동사원형 + ing) 형태를 써야 해요. 이때 동명사는 '~하기', '~하는 것'이라고 해석해요.

 나는 노래를 잘 부른다.

> singing 노래하기

I am good at _____

 나는 그림을 잘 그린다.

> drawing 그림 그리기

_____

2

It's interesting to **learn new things.**

새로운 걸 배우는 것은 재미있다.

'~하는 것은 재미있다'는 'It's interesting to + 동사원형'으로 표현해요. It's는 It is를 줄인 말이에요. It은 해석하지 않고 to 이하를 주어처럼 해석해요. to 뒤에는 반드시 동사원형을 써야 해요.

 새를 관찰하는 것은 재미있다.

> watch birds 새를 관찰하다

It's interesting to _____

 영어를 공부하는 것은 재미있다.

> study English 영어를 공부하다

_____

My new hobby is origami.
나의 새로운 취미는 **종이접기**이다.

'나의 새로운 취미는 ~이다'는 'My new hobby is + 보어(명사/동사ing)'로 표현해요. 동사 is 뒤에 보어로 명사나 동명사(동사원형 + ing) 형태로 써서 취미를 표현하면 돼요. 이때 동명사는 '~하기', '~하는 것'이라고 해석해요.

나의 새로운 취미는 동물 그리기이다.

drawing animals 동물 그리기

My new hobby is

나의 새로운 취미는 춤추기이다.

dancing 춤추기

C 마무리하기

내 일기에 활용할 수 있도록 오늘 표현을 정리해 보세요.

1 나는 **만들기**를 잘한다.

making things.

2 **새로운 걸 배우는** 것은 재미있다.

learn new things.

3 나의 새로운 취미는 **종이접기**이다.

origami.

DAY 05

The New School Year

새 학년

Monday, March 3, Fine

The new school year started today.

At first I felt shy and kept quiet.

My teacher was so funny and friendly.

I made friends and chatted with my classmate.

I really like my new class.

I'm so excited about tomorrow.

3월 3일, 월요일, 맑음

오늘 새 학년이 시작되었다.

나는 처음에 쑥스러워 조용히 있었다.

우리 선생님은 너무 재미있고 다정하셨다.

나는 친구들도 사귀고 짝꿍과 수다도 떨었다.

나는 나의 새 반이 정말 마음에 든다.

나는 내일이 무척 기대된다.

Words

school year 학년 | shy 수줍은 | keep quiet 조용히 하다 | funny 재미있는 | friendly 친절한, 다정한 |

make friends 친구들을 사귀다 | be excited about ~에 대해 흥분하다, 기대하다

Date   ,   ,

1 오늘 새 학년이 시작되었다.

The new school year

2 나는 처음에 쑥스러워 조용히 있었다.

3 우리 선생님은 너무 재미있고 다정하셨다.

4 나는 친구들도 사귀고 짝꿍과 수다도 떨었다.

5 나는 나의 새 반이 정말 마음에 든다.

6 나는 내일이 무척 기대된다.

동사 과거형 꽉 잡기!
Verb Check

start - started 시작하다 - 시작했다 | **keep - kept** 유지하다 - 유지했다 | **chat - chatted** 수다 떨다 - 수다 떨었다

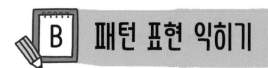

The new school year started today.

오늘 새 학년이 시작되었다.

'오늘 ~가 시작되었다'는 '주어 + started today'라고 표현해요. 동사 started는 start(시작하다, 시작되다)의 과거형이에요. 그리고 today(오늘) 대신에 yesterday(어제), two days ago(이틀 전에) 등 과거를 나타내는 시간 표현들을 쓸 수 있어요.

오늘 여름 방학이 시작되었다.

summer vacation 여름 방학

_____ started today.

오늘 장마가 시작되었다.

the rainy season 장마

_____

I really like my new class.

나는 나의 새 반이 정말 마음에 든다.

'나는 ~이 정말 마음에 든다(~을 정말 좋아한다)'는 'I really like + 목적어(좋아하는 것)'로 표현해요. 'I like + 목적어'에 really(정말)를 추가하면 좋아하는 것을 강조할 수 있어요. 그리고 목적어 자리에는 명사나 동명사 형태를 쓰면 돼요.

나는 나의 새 신발이 정말 마음에 든다.

my new shoes 나의 새 신발

I really like _____

나는 나의 새 헤어스타일이 정말 마음에 든다.

my new hairstyle 나의 새 헤어스타일

_____

30

I'm so **excited**.

나는 무척 **기대된다**.

'나는 무척 (기분/감정/상태가) ~하다'는 'I'm so + 보어(형용사)'로 현재의 기분이나 감정, 상태를 표현해요. 보어 자리에는 형용사를 쓰고, 부사 so(무척)는 뒤에 있는 형용사를 강조해 줘요. I'm은 I am의 줄임말이에요.

나는 무척 미안하다.

sorry 미안한

I'm so

나는 무척 긴장된다.

nervous 긴장되는

C 마무리하기

내 일기에 활용할 수 있도록 오늘 표현을 정리해 보세요.

⭐1 오늘 새 **학년**이 시작되었다.

The new school year   .

⭐2 나는 **나의 새 반**이 정말 맘에 든다.

                              my new class.

⭐3 나는 무척 **기대된다**.

                              excited.

I Got Up Late!

늦잠을 자 버렸다!

Thursday, March 10, Sunny

I got up late this morning.

I had no time for breakfast.

I usually walk to school.

But I ran to school today.

Luckily, I arrived before the bell rang.

I will get up early tomorrow.

3월 10일, 목요일, 해가 쨍쨍

나는 오늘 아침에 늦잠을 잤다.

나는 아침을 먹을 시간도 없었다.

나는 보통 걸어서 학교에 간다.

그러나 오늘 나는 급히 학교로 뛰어갔다.

다행히, 나는 종이 울리기 전에 도착했다.

내일은 일찍 일어나야지.

Words

late 늦게 | this morning 오늘 아침 | walk to ~까지 걸어가다 | run to ~로 급히 뛰어가다 | luckily 운 좋게, 다행히 |

arrive 도착하다 | tomorrow 내일

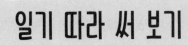

Date   ,   ,

1 나는 오늘 아침에 늦잠을 잤다.

I got up

2 나는 아침을 먹을 시간도 없었다.

3 나는 보통 걸어서 학교에 간다.

4 그러나 오늘 나는 급히 학교로 뛰어갔다.

5 다행히, 나는 종이 울리기 전에 도착했다.

6 내일은 일찍 일어나야지.

동사 과거형 꽉 잡기!
Verb Check

get up - got up 일어나다 - 일어났다 | **have - had** 가지다 - 가졌다 | **ring - rang** 울리다 - 울렸다

일기에 활용하기 좋은 표현을 익혀 보세요.

1

I had no time for breakfast.
나는 **아침을 먹을** 시간이 없었다.

'나는 ~할 시간이 없다[없었다]'는 'I have[had] no time for + 명사'로 표현해요. 동사 have(있다, 가지다)의 과거형은 had예요. 과거형을 쓸 때 주의하세요. 그리고 for 다음에는 명사가 와요.

나는 운동할 시간이 없다. (have)

a workout 운동

I have no time for

나는 점심 먹을 시간이 없었다. (had)

lunch 점심

2

I usually walk to school.
나는 보통 걸어서 학교에 간다.

'I usually + 동사'는 '나는 보통(대개) ~한다'의 의미로, 현재의 습관을 표현해요. usually(보통, 대개) 대신에 always(항상), often(종종), sometimes(때때로) 등을 활용해서 쓸 수 있어요.

나는 보통 일찍 일어난다.

get up early 일찍 일어나다

I usually

나는 보통 저녁에 공부한다.

study in the evening 저녁에 공부하다

Luckily, I arrived **before the bell rang.**

다행히, 나는 **종이 울리기 전에** 도착했다.

'Luckily, I arrived before 주어 + 동사'는 '다행히, 나는 ~전에 도착했다'의 의미예요. 동사 arrived는 arrive(도착하다)의 과거형이에요. 그리고 before(~전에) 뒤에는 '주어 + 동사'를 써요. 'before 주어 + 동사' 대신에 in time(제시간에) 같은 다른 시간 표현도 쓸 수 있어요.

다행히, 나는 해가 지기 전에 도착했다.

> before the sun set 해가 지기 전에

Luckily, I arrived

다행히, 나는 제시간에 도착했다.

> in time 제시간에

C 마무리하기

내 일기에 활용할 수 있도록 오늘 표현을 정리해 보세요.

⭐1 나는 **아침을 먹을** 시간이 없었다.

breakfast.

⭐2 나는 보통 **걸어서 학교에 간다.**

walk to school.

⭐3 다행히, 나는 **종이 울리기 전에** 도착했다.

before the bell rang.

DAY 07

We Are Still Good Friends
우리는 여전히 좋은 친구야

Wednesday, April 12, Windy

Today, I had an argument with Minho.

I played a little prank on him.

But he was really annoyed.

I never thought he would be angry.

I apologized first, and we made up.

I need to think first before I act.

4월 12일, 수요일, 바람 붐

나는 오늘 민호와 다퉜다.

나는 민호에게 사소한 장난을 쳤다.

그런데 민호는 무척 짜증을 냈다.

나는 민호가 화낼 거라고 생각하지 못했다.

내가 먼저 사과했고, 우리는 화해했다.

나는 행동하기 전에 먼저 생각부터 해야겠다.

Words

argument 말다툼 | **play a prank on** ~에게 장난치다 | **a little** 약간의 | **annoyed** 짜증 난 | **would** ~일 것이다 |
make up 화해하다 | **act** 행동하다

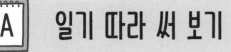
Date   ,   ,

1 나는 오늘 민호와 다퉜다.

Today, I had

2 나는 민호에게 사소한 장난을 쳤다.

3 그런데 민호는 무척 짜증을 냈다.

4 나는 민호가 화낼 거라고 생각하지 못했다.

5 내가 먼저 사과했고, 우리는 화해했다.

6 나는 행동하기 전에 먼저 생각부터 해야겠다.

동사 과거형 꽉 잡기!

Verb Check

think - thought 생각하다 - 생각했다 | **apologize - apologized** 사과하다 - 사과했다 | **need - needed** 필요하다 - 필요했다

1

I had an argument with Minho.

나는 **민호와** 다퉜다.

'나는 ~와 다퉜다(말다툼을 했다)'는 'I had an argument with + 명사'로 표현해요. 동사 had는 have(하다)의 과거형이에요. 그리고 전치사 with 뒤에는 다툰 대상을 써요.

나는 우리 형과 다퉜다.

> my brother 우리 형

~~I had an argument with~~

나는 엄마와 말다툼을 했다.

> my mom 엄마

2

I never thought he would be angry.

나는 **그가 화낼** 거라고 생각도 못 했다.

'나는 ~할 거라고 (전혀) 생각도 못 했다'는 'I never thought (that) 주어 + would + 동사원형'으로 표현해요. 동사 thought는 think(생각하다)의 과거형이에요. 그리고 동사 thought 뒤에 접속사 that은 생략해도 되고, 그 뒤에는 '주어 + would + 동사원형'으로 완벽한 문장을 써야 해요.

나는 너를 다시 만날 거라고 생각도 못 했다.

> I would see you again 나는 너를 다시 만날 거다

~~I never thought~~

나는 그녀가 이길 거라고 생각도 못 했다.

> she would win 그녀가 이길 거다

I need to think first.

나는 먼저 생각해야 한다.

'나는 ～해야 한다(～해야겠다, ～할 필요가 있다)'는 'I need to + 동사원형'으로 표현해요. 이때 to 뒤에는 반드시 동사원형을 써요.

나는 잠을 좀 자야 한다.

I need to

나는 5시까지 도착해야 한다.

C 마무리하기

내 일기에 활용할 수 있도록 오늘 표현을 정리해 보세요.

1. 나는 민호와 다퉜다.

    Minho.

2. 나는 그가 화낼 거라고 생각도 못 했다.

    he would be angry.

3. 나는 먼저 생각해야 한다.

    think first.

DAY 08

I'm So Sorry, Mom!
엄마, 정말 죄송해요!

Friday, March 20, Cloudy

I lost my bike in the park today.

I felt terrible on my way home.

I left my umbrella on the bus yesterday.

My mom tried not to get angry.

I'm really sorry, Mom!

I think I should be more careful.

3월 20일, 금요일, 흐림

나는 오늘 공원에서 자전거를 잃어버렸다.

집에 오는 길에 나는 기분이 안 좋았다.

어제는 버스에 우산을 두고 내렸다.

엄마는 화를 내지 않으려고 애쓰셨다.

엄마, 정말 죄송해요!

난 좀 더 조심해야 할 것 같다.

Words

park 공원 | terrible 끔찍한, 기분이 안 좋은 | on one's way home 집에 오는 길에 | umbrella 우산 |

on the bus 버스에서 | get angry 화를 내다 | careful 조심하는

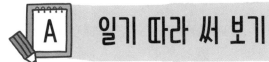
Date　　　　　　,　　　　　　　,

1 나는 오늘 공원에서 자전거를 잃어버렸다.

I lost

2 집에 오는 길에 나는 기분이 안 좋았다.

3 어제는 버스에 우산을 두고 내렸다.

4 엄마는 화를 내지 않으려고 애쓰셨다.

5 엄마, 정말 죄송해요!

6 난 좀 더 조심해야 할 것 같다.

동사 과거형 꽉 잡기!

Verb Check

lose - lost 잃어버리다 - 잃어버렸다 | **leave - left** 두고 오다(가다) - 두고 왔다(갔다) | **try - tried** 노력하다 - 노력했다

I lost my bike.

나는 자전거를 잃어버렸다.

'나는 ~을 잃어버렸다(잃었다)'는 'I lost + 목적어(잃어버린 것)'로 표현해요. 동사 lost는 lose(잃어버리다)의 과거형이에요.

나는 여권을 잃어버렸다.

my passport 내 여권

I lost

나는 살을 뺐다.

weight 체중, 살

I felt terrible.

나는 기분이 안 좋았다.

'나는 기분이 ~했다'는 'I felt + 보어(형용사)'로 표현해요. 동사 felt는 feel(기분이 ~하다)의 과거형이에요.

나는 기분이 좋았다.

good 좋은

I felt

나는 기분이 나빴다.

bad 나쁜

42

I think I should **be more careful.**

나는 **좀 더 조심**해야 할 것 같다.

'I think I should + 동사원형'은 '나는 ∼해야 할 것 같다(∼해야 한다고 생각한다)'의 의미로, 나에게 하는 충고를 나타내요. 조동사 should는 '∼하는 게 좋겠다'는 충고나 조언의 의미이고, 그 뒤에는 반드시 동사원형을 써야 해요.

나는 지금 떠나야 할 것 같다.

leave now 지금 떠나다

I think I should

내가 너에게 말해야 할 것 같다.

tell you 너에게 말하다

C 마무리하기

내 일기에 활용할 수 있도록 오늘 표현을 정리해 보세요.

1 나는 **자전거**를 잃어버렸다.

my bike.

2 나는 기분이 **안 좋았다.**

terrible.

3 나는 **좀 더 조심**해야 할 것 같다.

be more careful.

My New Bike
나의 새 자전거

Tuesday, April 2, Fine

I went shopping for a bike with my dad.

I picked a blue one.

This model is popular these days.

I am happy with my new bike.

My friend Mina has the same one, too.

I will ask her to go cycling tomorrow.

4월 2일, 화요일, 맑음

나는 아빠와 자전거를 사러 갔다.

난 파란색 자전거를 골랐다.

이 모델이 요즘 유행이다.

나는 나의 새 자전거가 마음에 든다.

내 친구 미나도 똑같은 자전거를 가지고 있다.

나는 내일 미나에게 자전거 타러 가자고 해야겠다.

Words

go shopping 쇼핑하러 가다 | **blue** 파란색의 | **model** 모델 | **popular** 인기 있는 | **these days** 요즘 | **same** 똑같은 | **cycling** 자전거 타기

44

A 일기 따라 써 보기

Date   ,   ,

1 나는 아빠와 자전거를 사러 갔다.

I went

2 난 파란색 자전거를 골랐다.

3 이 모델이 요즘 유행이다.

4 나는 나의 새 자전거가 마음에 든다.

5 내 친구 미나도 똑같은 자전거를 가지고 있다.

6 나는 내일 미나에게 자전거 타러 가자고 해야겠다.

동사 과거형 꽉 잡기!

Verb Check

go - went 가다 - 갔다 | pick - picked 고르다 - 골랐다 | ask - asked 요청하다 - 요청했다

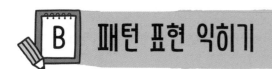

1

I went shopping.

나는 쇼핑하러 갔다.

'나는 ~하러 간다[갔다]'는 'I go[went] + 동사ing'로 표현해요. 동사 go(가다)의 과거형은 went예요. 과거형을 쓸 때 주의하세요.

나는 스키 타러 간다.   (go)

skiing 스키 타기

I go _____

나는 수영하러 갔다.   (went)

swimming 수영하기

_____

2

This model is popular these days.

이 모델이 요즘 유행이다.

'~가 요즘 유행이다(인기다)'는 '주어 + is popular these days'로 표현해요. 여기서는 주어가 단수여서 is를 썼어요. 주어가 복수면 are 를 쓰면 돼요.

이 색이 요즘 인기다.

this color 이 색

_____ is popular these days.

이 자전거가 요즘 유행이다.

this bike 이 자전거

_____

I am happy with my new bike.

나는 나의 새 자전거가 마음에 든다.

'나는 ~가 마음에 든다'는 'I am happy with + 명사(만족하는 것)'로 표현해요. 전치사 with 뒤에는 명사를 써요.

나는 내 선택이 마음에 든다.

my choice 내 선택

I am happy with ─────────────────

나는 내 얼굴이 마음에 든다.

my face 내 얼굴

─────────────────────────

 C 마무리하기

내 일기에 활용할 수 있도록 오늘 표현을 정리해 보세요.

 나는 쇼핑하러 갔다.

　　　shop　　　.

 이 모델이 요즘 유행이다.

This model 　　　　　　　.

 나는 나의 새 자전거가 마음에 든다.

my new bike.

My Friend's Birthday Party

DAY 10

내 친구의 생일 파티

Wednesday, April 10, Fine

It was Mina's birthday today.

I was invited to her birthday party.

I bought a doll for a present.

I was happy that she liked my present.

We enjoyed good food and fun games.

We had a good time at the party!

4월 10일, 수요일, 맑음

오늘은 미나의 생일이었다.

나는 미나의 생일 파티에 초대받았다.

나는 선물로 인형을 샀다.

미나가 내 선물을 좋아해서 기분이 좋았다.

우리는 맛있는 음식과 재미있는 게임을 즐겼다.

우리는 파티에서 즐거운 시간을 보냈다!

Words

birthday 생일 | **be invited to** ~에 초대받다 | **doll** 인형 | **present** 선물 | **food** 음식 | **fun** 재미있는 |

have a good time 즐거운 시간을 보내다

48

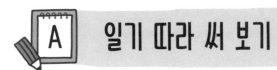

A 일기 따라 써 보기

Date   ,   ,

1 오늘은 미나의 생일이었다.

It was

2 나는 미나의 생일 파티에 초대받았다.

3 나는 선물로 인형을 샀다.

4 미나가 내 선물을 좋아해서 기분이 좋았다.

5 우리는 맛있는 음식과 재미있는 게임을 즐겼다.

6 우리는 파티에서 즐거운 시간을 보냈다!

동사 과거형 꽉 잡기!

Verb Check

invite – invited 초대하다 – 초대했다 | like – liked 좋아하다 – 좋아했다 | enjoy – enjoyed 즐기다 – 즐겼다

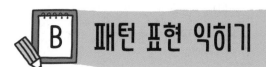

1

It was Mina's birthday today.
오늘은 미나의 생일이었다.

'오늘은 ~날이다[날이었다]'는 'It is[was] + 명사 + today'로 명절이나 특별한 날을 표현해요. be동사 is의 과거형은 was예요. 과거형을 쓸 때 주의하세요. 그리고 today 대신 yesterday(어제) 같은 다른 시간 표현을 쓸 수 있어요.

오늘은 어린이날이다. (is)

Children's Day 어린이날

It is _____ today.

오늘은 나의 11번째 생일이었다. (was)

my 11th birthday 나의 11번째 생일

_____

2

I bought a doll for a present.
나는 선물로 인형을 샀다.

'나는 B로(~를 위해) A를 산다[샀다]'는 'I buy[bought] A for B'로 표현해요. A에는 산 물건, B에는 산 목적을 명사로 써요. 그리고 동사 buy(사다)의 과거형은 bought예요. 과거형을 쓸 때 주의하세요.

나는 버스를 타기 위해 표를 산다. (buy)

tickets 표 / a bus 버스

I buy _____ for _____

나는 내 친구를 위해 선물을 샀다. (bought)

a gift 선물 / my friend 내 친구

_____

3

We enjoyed good food and fun games.

우리는 맛있는 음식과 재미있는 게임을 즐겼다.

'우리는 ~을 즐긴다[즐겼다]'는 'We enjoy[enjoyed] + 목적어(즐기는 것)'로 표현해요. 동사 enjoy(즐기다)의 과거형은 enjoyed예요. 그리고 목적어에는 명사 또는 동명사(동사원형 + ing)를 써야 해요.

우리는 휴가를 즐긴다. (enjoy)

our vacation 휴가

We enjoy

우리는 축구하는 것을 즐겼다. (enjoyed)

playing soccer 축구를 하는 것

  C 마무리하기

내 일기에 활용할 수 있도록 오늘 표현을 정리해 보세요.

1 오늘은 미나의 생일이었다.

Mina's birthday   .

2 나는 선물로 인형을 샀다.

a doll   a present.

3 우리는 맛있는 음식과 재미있는 게임을 즐겼다.

good food and fun games.

Happy Parents' Day!

행복한 어버이날!

Thursday, May 8, Warm

It's Parents' Day today.

I wanted a special gift for my parents.

But I didn't have much money.

So I made a big thank-you card and paper carnations.

They were very pleased and thanked me.

It was nice to see their happy faces.

5월 8일, 목요일, 따뜻함

오늘은 어버이날이다.

나는 부모님께 특별한 선물을 하고 싶었다.

하지만 나는 돈이 많지 않았다.

그래서 나는 큰 감사 카드와 종이 카네이션을 만들었다.

부모님은 아주 기뻐하셨고, 내게 고맙다고 하셨다.

부모님의 행복한 얼굴을 보는 게 좋았다.

 Words

parent 부모 | **special** 특별한 | **thank-you card** 감사 카드 | **carnation** 카네이션 | **pleased** 기뻐하는

Date ⟨　　　⟩ , ⟨　　　⟩ ,

1 오늘은 어버이날이다.

It's

2 나는 부모님께 특별한 선물을 하고 싶었다.

3 하지만 나는 돈이 많지 않았다.

4 그래서 나는 큰 감사 카드와 종이 카네이션을 만들었다.

5 부모님은 아주 기뻐하셨고, 내게 고맙다고 하셨다.

6 부모님의 행복한 얼굴을 보는 게 좋았다.

동사 과거형 꽉 잡기!

Verb Check

want - wanted 원하다 - 원했다 | make - made 만들다 - 만들었다 | thank - thanked 고마워하다 - 고마워했다

1

I didn't have much **money**.

나는 돈이 많지 않았다.

'나는 ~가 많지 않다[않았다], ~가 별로 없다[없었다]'는 'I don't[didn't] have much + 명사'로 표현해요. don't의 과거형은 didn't예요. 그리고 형용사 much 뒤에는 셀 수 없는 명사만 써야 해요.

나는 숙제가 별로 없다. (don't)

homework 숙제

I don't have much

나는 입맛이 별로 없었다. (didn't)

appetite 입맛

2

I made **a card and paper flowers**.

나는 카드와 종이 꽃을 만들었다.

'나는 ~를 만든다[만들었다]'는 'I make[made] + 목적어'로 표현해요. 동사 make(만들다)의 과거형은 made예요. 그리고 목적어에 있는 and는 '~와'라는 뜻으로 쓰였어요.

나는 버터와 치즈를 만든다. (make)

butter and cheese 버터와 치즈

I make

나는 케이크와 초를 만들었다. (made)

a cake and candles 케이크와 초

3

It was nice to see their happy faces.

그들의 행복한 얼굴을 보는 게 좋았다.

'~하는 것은 좋았다'는 'It was nice to + 동사원형'으로 표현해요. 이때 It은 해석하지 않고 to 이하를 주어처럼 해석해요. to 뒤에는 반드시 동사원형을 써야 해요.

너를 만나서 좋았다.

see you 너를 만나다

It was nice to

목표가 있는 것은 좋았다.

have a goal 목표가 있다

C 마무리하기

내 일기에 활용할 수 있도록 오늘 표현을 정리해 보세요.

1 나는 돈이 많지 않았다.

money.

2 나는 카드와 종이 꽃을 만들었다.

a card and paper flowers.

3 그들의 행복한 얼굴을 보는 게 좋았다.

see their happy faces.

My Family Outing

DAY 12

가족 소풍

Saturday, May 16, Sunny

My family went on an outing at the park.

We ate kimbap and sandwiches for lunch.

After lunch, we played catch.

We also took a walk in the park.

All of my family love the outdoors.

I hope to go on an outing again soon!

5월 16일, 토요일, 해가 쨍쨍

우리 가족은 공원으로 소풍을 갔다.

우리는 점심으로 김밥과 샌드위치를 먹었다.

점심 식사 후에 우리는 캐치볼을 했다.

우리는 공원에서 산책도 했다.

우리 가족은 야외 활동을 정말 좋아한다.

나는 곧 다시 소풍을 가면 좋겠다!

outing 소풍 | **sandwich** 샌드위치 | **play catch** 캐치볼을 하다 | **take a walk** 산책하다 | **outdoors** 야외 | **soon** 곧

56

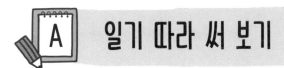
Date　　　　　　　，　　　　　　　，

1 우리 가족은 공원으로 소풍을 갔다.

My family went

2 우리는 점심으로 김밥과 샌드위치를 먹었다.

3 점심 식사 후에 우리는 캐치볼을 했다.

4 우리는 공원에서 산책도 했다.

5 우리 가족은 야외 활동을 정말 좋아한다.

6 나는 곧 다시 소풍을 가면 좋겠다!

동사 과거형 꽉 잡기!

Verb Check

eat - ate 먹다 - 먹었다 | play - played (놀이/운동 경기를) 하다 - 했다 | take - took 데리고 가다 - 데리고 갔다

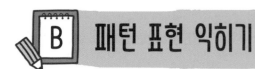
1

We ate kimbap and sandwiches for lunch.

우리는 점심으로 김밥과 샌드위치를 먹었다.

'우리는 B로 A를 먹는다[먹었다]'는 'We eat[ate] A(음식) for B(식사)'로 표현해요. A에는 음식명을, B에는 식사명을 써 주면 돼요. 그리고 동사 eat(먹다)의 과거형은 ate예요. 과거형을 쓸 때 주의하세요.

우리는 디저트로 아이스크림을 먹었다.

ice cream 아이스크림 / dessert 디저트

We ate ----------------------- for

우리는 아침 식사로 베이컨과 달걀을 먹었다.

bacon and eggs 베이컨과 달걀 / breakfast 아침 식사

2

We played catch.

우리는 캐치볼을 했다.

'우리는 (놀이/경기를) 한다[했다]'는 'We play[played] + 목적어(놀이, 운동 경기)'로 표현해요. 동사 play의 과거형은 played예요. 여기서 play는 '놀다, (경기를) 하다'의 의미예요. play가 '(악기를) 연주하다'는 의미로 쓰일 때는 'play + the 악기명'으로 표현해요.

우리는 배드민턴을 한다. (play)

badminton 배드민턴

We play

우리는 야구를 했다. (played)

baseball 야구

I hope to go on an outing again.

나는 다시 소풍을 가면 좋겠다.

'나는 ~하면 좋겠다(~하길 바란다)'는 'I hope to + 동사원형'으로 표현해요. to 뒤에는 반드시 동사원형을 써야 해요.

나는 다음에도 너를 만났으면 좋겠다.

see you next time 다음에 너를 만나다

I hope to ─────────────────

나는 2시경에 도착하길 바란다.

arrive around two 2시경에 도착하다

─────────────────
─────────────────

C 마무리하기

내 일기에 활용할 수 있도록 오늘 표현을 정리해 보세요.

⭐1 우리는 점심으로 김밥과 샌드위치를 먹었다.

kimbap and sandwiches   lunch.

⭐2 우리는 캐치볼을 했다.

catch.

⭐3 나는 다시 소풍을 가면 좋겠다.

go on an outing again.

My Pet Dog, Max

나의 반려견, 맥스

Friday, June 28, Clear

My family adopted a dog.

We call the dog Max.

I'm in charge of walking him.

It's hard to take a dog for a walk.

But it's good for his health.

He is like a brother to me.

6월 28일, 금요일, 맑음

우리 가족은 개 한 마리를 입양했다.

우리는 그 개를 맥스라고 부른다.

나는 맥스를 산책시키는 일을 담당한다.

개를 산책시키는 것은 어렵다.

그러나 그것은 맥스의 건강에 좋다.

맥스는 나한테 동생과 같은 존재이다.

Words

pet 반려동물 | adopt 입양하다 | in charge of ~을 담당하고 있는 | walk a dog 개를 산책시키다 | hard 어려운, 힘든 | health 건강 | like ~와 같은

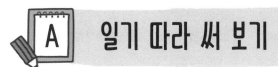

Date , ,

1 우리 가족은 개 한 마리를 입양했다.

My family adopted

2 우리는 그 개를 맥스라고 부른다.

3 나는 맥스를 산책시키는 일을 담당한다.

4 개를 산책시키는 것은 어렵다.

5 그러나 그것은 맥스의 건강에 좋다.

6 맥스는 나한테 동생과 같은 존재이다.

동사 과거형 꽉 잡기!

Verb Check

adopt – adopted 입양하다 – 입양했다 | **call – called** 부르다 – 불렀다 | **walk – walked** 산책시키다 – 산책시켰다

1

I'm in charge of **walking the dog.**

나는 **개를 산책시키는 일을** 담당한다.

'나는 ~을 담당한다'는 'I'm in charge of + 명사/동사ing'로 표현해요. 전치사 of 다음에 명사나 동명사(동사원형 + ing) 형태를 써요. 이때 동명사는 '~하기', '~하는 것' 이라고 해석해요.

 나는 댄스 부분을 담당한다.   the dance part 댄스 부분

I'm in charge of

 나는 개밥 주는 것을 담당한다.   feeding the dog 개밥 주기

2

It's hard to **take a dog for a walk.**

개를 산책시키는 것은 어렵다.

'~하는 것은 어렵다'는 'It's hard to + 동사원형'으로 표현해요. It's는 It is의 줄인 말이에요. It은 해석하지 않고 to 이하를 주어처럼 해석해요. to 뒤에는 동사원형을 써야 해요.

 말하기는 어렵다.   say 말하다

It's hard to

 이해하기는 어렵다.   understand 이해하다

3

It's good for his health.

그것은 그의 건강에 좋다.

'그것은 ~에 좋다'는 'It's good for + 명사'로 표현해요. 그리고 전치사 for 뒤에는 명사를 써요.

그것은 너의 눈에 좋다.

your eyes 너의 눈

It's good for ---

그것은 환경에 좋다.

the environment 환경

 C 마무리하기

내 일기에 활용할 수 있도록 오늘 표현을 정리해 보세요.

1 나는 개를 산책시키는 일을 담당한다.

walking the dog.

2 개를 산책시키는 것은 어렵다.

take a dog for a walk.

3 그것은 그의 건강에 좋다.

his health.

Interesting Space Science

재미있는 우주 과학

Tuesday, July 4, Clear

I learned about the solar system in science class today.

My favorite subject is science.

I'm interested in space.

So the science class was interesting.

I felt that time flew during science class!

I want to travel into space by spaceship sometime.

7월 4일, 화요일, 맑음

나는 오늘 과학 시간에 태양계에 관해 배웠다.

내가 가장 좋아하는 과목은 과학이다.

나는 우주에 관심이 많다.

그래서 과학 수업이 흥미로웠다.

과학 수업 동안 시간이 빨리 가는 것 같았다!

언젠가 나는 우주선을 타고 우주 여행을 하고 싶다.

Words

solar system 태양계 | **science** 과학 | **interested** 관심 있는 | **during** ~동안 | **travel** 여행하다 | **space** 우주 |

spaceship 우주선 | **sometime** 언젠가

Date   ,   ,

1 나는 오늘 과학 시간에 태양계에 관해 배웠다.

I learned

2 내가 가장 좋아하는 과목은 과학이다.

3 나는 우주에 관심이 많다.

4 그래서 과학 수업이 흥미로웠다.

5 과학 수업 동안 시간이 빨리 가는 것 같았다!

6 언젠가 나는 우주선을 타고 우주 여행을 하고 싶다.

동사 과거형 꽉 잡기!
Verb Check

learn - learned 배우다 - 배웠다 | **feel - felt** 느끼다 - 느꼈다 | **fly - flew** 날다 - 날았다

1

I learned about the solar system.

나는 **태양계**에 관해 배웠다.

'나는 ～에 관해 배운다[배웠다]'는 'I learn[learned] about + 명사(배운 것)'로 표현해요. 동사 learn(배우다)의 과거형은 learned예요.
그리고 전치사 about 다음에는 명사를 써 주면 돼요.

 나는 한국 역사에 관해 배운다. (learn)   Korean history 한국 역사

I learn about _____

 나는 생태계에 관해 배웠다. (learned)   the ecosystem 생태계

_____

2

My favorite subject is science.

내가 가장 좋아하는 과목은 **과학**이다.

'내가 가장 좋아하는 과목은 ～이다'는 'My favorite subject is + 보어(좋아하는 과목)'로 표현해요. 보어에는 과목명을 쓰면 돼요.

 내가 가장 좋아하는 과목은 체육이다.   P.E. 체육

My favorite subject is _____

 내가 가장 좋아하는 과목은 수학이다.   math 수학

_____

I'm interested in space.

나는 **우주에** 관심이 있다.

'나는 ~에 관심이 있다'는 'I'm interested in + 명사(관심있는 것)'로 표현해요. I'm은 I am의 줄인 말이에요. 그리고 전치사 in 다음에는 명사를 써요.

나는 음악에 관심이 있다.

music 음악

I'm interested in

나는 미술에 관심이 있다.

art 미술

 C 마무리하기

내 일기에 활용할 수 있도록 오늘 표현을 정리해 보세요.

 나는 **태양계에** 관해 배웠다.

the solar system.

 내가 가장 좋아하는 과목은 **과학**이다.

science.

 나는 **우주에** 관심이 있다.

space.

DAY 15

Too Much Homework
너무 많은 숙제

I had a lot of homework to do today.

I didn't feel like doing my homework.

But I did my homework until late at night.

I solved 40 math problems and wrote a book review.

I didn't get any rest after school.

I really hate homework!

6월 10일, 화요일, 맑음

나는 오늘 해야 할 숙제가 너무 많았다.

나는 숙제할 기분이 아니었다.

그러나 나는 밤 늦게까지 숙제를 했다.

나는 수학을 40문제나 풀었고 독후감을 한 편 썼다.

나는 방과후에 쉬지도 못했다.

나는 숙제가 정말 싫다!

 Words

a lot of 많은 | **until** ~까지 | **at night** 밤에 | **problem** 문제 | **book review** 독후감 | **after school** 방과후에

68

Date 　　　　　　　,　　　　　　　,

1 나는 오늘 해야 할 숙제가 너무 많았다.

I had

2 나는 숙제할 기분이 아니었다.

3 그러나 나는 밤 늦게까지 숙제를 했다.

4 나는 수학을 40문제나 풀었고 독후감을 한 편 썼다.

5 나는 방과후에 쉬지도 못했다.

6 나는 숙제가 정말 싫다!

동사 과거형 꽉 잡기!
Verb Check

solve – solved 풀다 – 풀었다 | do – did 하다 – 했다 | hate – hated 싫어하다 – 싫어했다

일기에 활용하기 좋은 표현을 익혀 보세요.

1

I had a lot of homework.

나는 숙제가 너무 많았다.

'나는 ~가 많다[많았다]'는 'I have[had] a lot of + 명사'로 표현해요. 동사 have(가지다, 있다)의 과거형은 had예요. a lot of 다음에는
셀 수 있는 명사와 셀 수 없는 명사를 모두 쓸 수 있어요.

나는 일이 너무 많다. (have)

work 일

I have a lot of

나는 친구들이 많았다. (had)

friends 친구들

2

I didn't feel like doing my homework.

난 숙제할 기분이 아니었다.

'나는 ~할 기분이 아니다[아니었다]'는 'I don't[didn't] feel like + 동사ing'로 표현해요. 여기서 like는 전치사로 '~처럼'의 의미예요.
따라서 전치사 뒤에는 동명사(동사원형 + ing) 형태를 써요.

나는 춤출 기분이 아니다. (don't)

dancing 춤추기

I don't feel like

나는 외출할 기분이 아니었다. (didn't)

going out 외출하기

I really hate **homework.**

나는 **숙제**가 정말 싫다.

'나는 ~가 정말 싫다'는 'I really hate + 목적어(싫어하는 것)'로 표현해요. 'I hate + 목적어'에 really(정말)를 추가하여 싫어하는 것을 강조하고 싶을 때 써요. 목적어에는 명사를 쓰고, 동사가 오는 경우는 동명사(동사원형 + ing) 형태를 써야 해요. 이때 동명사는 '~하기', '~하는 것'이라고 해석해요.

나는 추위가 정말 싫다.

the cold 추위

I really hate

나는 시험 보기가 정말 싫다.

taking exams 시험 보기

C 마무리하기

내 일기에 활용할 수 있도록 오늘 표현을 정리해 보세요.

1 나는 **숙제**가 너무 많았다.

homework.

2 나는 **숙제**할 기분이 아니었다.

do   my homework.

3 나는 **숙제**가 정말 싫다.

homework.

Getting Over a Cold

감기 낫기

Monday, November 24, Cold

I went to see a doctor today.

I have a bad cold.

I have a fever, muscle aches, and a cough.

The doctor told me to get some rest.

I got a shot and took some medicine.

I want to get better soon.

11월 24일, 월요일, 추움

나는 오늘 병원에 갔다.

나는 독감에 걸렸다.

나는 열이 나고, 근육통에, 기침을 한다.

의사 선생님이 내게 쉬라고 하셨다.

나는 주사를 한 대 맞고 약을 먹었다.

나는 어서 낫고 싶다.

Words

see a doctor 병원에 (의사를 보러) 가다 | **fever** 열 | **muscle ache** 근육통 | **cough** 기침 | **get some rest** 쉬다 | **get a shot** 주사를 맞다 | **medicine** 약

Date   ,   ,

1 나는 오늘 병원에 갔다.

I went to

2 나는 독감에 걸렸다.

3 나는 열이 나고, 근육통에, 기침을 한다.

4 의사 선생님이 내게 쉬라고 하셨다.

5 나는 주사를 한 대 맞고 약을 먹었다.

6 나는 어서 낫고 싶다.

동사 과거형 꽉 잡기!

Verb Check

tell – told 말하다 – 말했다 | **get – got** 받다 – 받았다 | **take – took** (약을) 먹다 – 먹었다

1

I have **a fever.**

나는 **열**이 있다.

'나는 ~가 아프다(~병이 있다, ~병을 앓고 있다)'는 'I have + a 병명/증상'으로 표현해요.

 나는 머리가 아프다.   a headache 두통

I have

 나는 콧물이 난다.   a runny nose 콧물

2

The doctor **told me to get some rest.**

의사 선생님이 내게 쉬라고 하셨다.

'A가 나에게 B하라고 말했다'는 'A(사람) told me to B(동사원형)'로 표현해요. 동사 told는 tell(말하다)의 과거형이에요. A에는 말하는 사람을 쓰고, B에는 지시하는 행동을 반드시 동사원형으로 써야 해요.

 그 간호사가 내게 여기서 기다리라고 했다.   wait here 여기서 기다리다

The nurse told me to

 엄마가 내게 집에 일찍 오라고 했다.   come home early 집에 일찍 오다

My mom

74

I want to **get better soon.**

나는 어서 낫고 싶다.

'나는 ~하고 싶다'는 'I want to + 동사원형'으로 표현해요. 이때 to 뒤에는 하고 싶은 내용을 반드시 동사원형으로 써야 해요.

나는 너를 돕고 싶다.

help you 너를 돕다

I want to

나는 좀 쉬고 싶다.

get some rest 좀 쉬다

 C 마무리하기

내 일기에 활용할 수 있도록 오늘 표현을 정리해 보세요.

 나는 **열이 있다.**

a fever.

 의사 선생님이 내게 **쉬라고** 하셨다.

The doctor **get some rest.**

나는 **어서 낫고 싶다.**

get better soon.

DAY 17

Rain, Rain, Go Away

비야, 비야, 저리 가

Friday, July 25, Rainy

It rained all day today.

The rain has become stronger.

Even in the daytime, it was as dark as night.

I can't go outside because of the rain.

A song comes to mind.

Rain, rain, go away. Come again another day~

I hope it doesn't rain anymore.

7월 25일, 금요일, 비가 옴

오늘도 비가 하루 종일 내렸다.

비가 점점 더 거세졌다.

낮인데도, 밤처럼 컴컴했다.

비 때문에 나는 나갈 수가 없다.

노래 하나가 떠오른다.

비야, 비야, 저리 가. 다른 날 다시 오렴~

더 이상 비가 오지 않으면 좋겠다.

Words

all day 하루 종일 | **stronger** 더 강한 | **in the daytime** 낮 동안에 | **dark** 어두운, 컴컴한 | **because of** ~때문에 |
another 또 하나, 다른 | **anymore** 이제, 더 이상

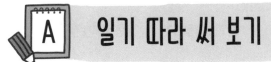
Date   ,   ,

1 오늘도 비가 하루 종일 내렸다.

It rained

2 비가 점점 더 거세졌다.

3 낮인데도, 밤처럼 컴컴했다.

4 비 때문에 나는 나갈 수가 없다.

5 노래 하나가 떠오른다.

6 더 이상 비가 오지 않으면 좋겠다.

동사 과거형 꽉 잡기!
Verb Check

rain - rained 비가 오다 - 비가 왔다 | become - became ～이 되다 - ～이 됐다 | hope - hoped 바라다 - 바랐다

1

It rained all day.

하루 종일 비가 내렸다.

'하루 종일 (날씨가) ~하다'는 'It + 동사(날씨) + all day'로 표현해요. 주어 It은 따로 해석하지 않아요. 날씨를 나타내는 동사 대신 'be 동사 + 형용사(날씨)'를 이용하여 날씨를 표현할 수도 있어요.

하루 종일 눈이 내렸다.

> snowed 눈이 내렸다

It _____ all day.

하루 종일 추웠다.

> was cold 추웠다

2

It was as dark as night.

밤처럼 컴컴했다.

'그것은 B처럼(만큼) A했다'는 'It was as A as B'로, 비교하는 표현이에요. A 자리에는 형용사를 쓰고 B 자리에는 주어와 비교하는 대상을 적어요.

그것은 눈처럼 하얬다.

> white 하얀 / snow 눈

It was as _____ as _____

그녀는 벌만큼 바빴다.

> busy 바쁜 / a bee 벌

She

78

A song comes to mind.

노래 하나가 떠오른다.

'~생각이 떠오른다[생각난다]'는 '주어(생각나는 것) + come(s) to mind'로 표현해요. 주어 자리에는 명사가 오고, 그 주어가 단수일 때는 comes, 복수일 때는 come을 써야 해요.

그녀의 이름이 생각난다.

her name 그녀의 이름

------- comes to mind. -------

두 가지가 떠오른다.

two things 두 가지

 C **마무리하기**

내 일기에 활용할 수 있도록 오늘 표현을 정리해 보세요.

 하루 종일 비가 내렸다.

rained   .

 밤처럼 컴컴했다.

dark   night.

 노래 하나가 떠오른다.

A song   .

DAY 18

Hot, Hot, Hot
더워, 더워, 더워

Thursday, August 6, Very hot

It was hot and humid today.

I'm sensitive to the heat.

I took a cold shower twice.

I drank cold water after eating some ice cream.

I kept the fan going day and night.

I wish it would rain soon.

8월 6일, 목요일, 몹시 더움

오늘은 덥고 끈적거렸다.

나는 더위를 탄다.

나는 찬물로 샤워를 두 번이나 했다.

나는 아이스크림을 먹은 뒤 차가운 물을 마셨다.

나는 밤낮으로 계속 선풍기를 틀어 놨다.

곧 비가 왔으면 좋겠다.

Words

humid 습한 | **heat** 열기 | **take a shower** 샤워하다 | **twice** 두 번 | **fan** 선풍기 | **day and night** 밤낮으로, 끊임없이

Date   ,   ,

1 오늘은 덥고 끈적거렸다.

It was

2 나는 더위를 탄다.

3 나는 찬물로 샤워를 두 번이나 했다.

4 나는 아이스크림을 먹은 뒤 차가운 물을 마셨다.

5 나는 밤낮으로 계속 선풍기를 틀어 놨다.

6 곧 비가 왔으면 좋겠다.

동사 과거형 꽉 잡기!

Verb Check

is - was 이다, 있다 - 있었다 | drink - drank 마시다 - 마셨다 | keep - kept ~를 계속하다 - ~를 계속했다

1

It was hot and humid.

덥고 끈적거렸다.

'(날씨가) ~하다[했다]'는 'It is[was] + 형용사(날씨)'로 표현해요. 날씨를 표현할 때 주어는 항상 It을 쓰고, 따로 해석하지는 않아요.

여름에는 너무 덥다. (is)　　　　　so hot 너무 더운 / in summer 여름에

It is _____

밖이 (꽁꽁 얼 정도로) 몹시 추웠다. (was)　　　freezing (꽁꽁 얼 정도로) 몹시 추운 / outside 밖

_____

_____

2

I'm sensitive to the heat.

나는 **더위를 탄다.**

'나는 ~에 예민하다(~을 타다)'는 'I'm sensitive to + 명사(예민한 것)'로 표현해요. I'm은 I am의 줄인 말이에요. 그리고 전치사 to 뒤에는 명사를 써야 해요.

나는 추위를 탄다.　　　　　　　　　　　　the cold 추위

I'm sensitive to _____

나는 소음에 예민하다.　　　　　　　　　　the noise 소음

_____

_____

I wish it would rain soon.

곧 비가 왔으면 좋겠다.

'곧 ~해졌으면 좋겠다'는 'I wish it would + 동사원형 + soon'으로, 현재 일어나는 일과 반대되는 상황을 소망할 때 사용해요. 그리고 it would 뒤에 동사원형을 써야 해요.

곧 비가 그쳤으면 좋겠다.

> stop raining 비가 그치다

I wish it would _____ soon.

곧 따뜻해졌으면 좋겠다.

> warm up 따뜻해지다

C 마무리하기

내 일기에 활용할 수 있도록 오늘 표현을 정리해 보세요.

⭐1 덥고 끈적거렸다.

hot and humid.

⭐2 나는 더위를 탄다.

the heat.

⭐3 곧 비가 왔으면 좋겠다.

rain   .

A Picnic on the Beach

바닷가로 소풍

Sunday, July 18, Hot

My family went to the beach today.

I went into the water with my sister.

We played with pool floats.

Then, we played with a ball on the sand.

However, the sand was too hot to walk on.

Swimming is the best in summer.

7월 18일, 일요일, 더움

오늘 우리 가족은 바닷가에 갔다.

나는 동생이랑 물속에 들어갔다.

우리는 수영 튜브를 타고 놀았다.

그런 뒤, 우리는 모래 위에서 공을 가지고 놀았다.

그러나 모래는 걸어 다닐 수 없을 정도로 뜨거웠다.

여름에는 수영이 최고다.

Words

beach 바닷가, 해변 | **into the water** 물속으로 | **pool float(=swim ring, swim tube)** 수영 튜브 |

however 하지만, 그러나 | **walk on the sand** 모래 위를 걷다

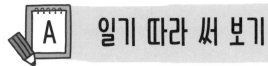
Date　　　　　　,　　　　　　,

1 오늘 우리 가족은 바닷가에 갔다.

My family went

2 나는 동생이랑 물속에 들어갔다.

3 우리는 수영 튜브를 타고 놀았다.

4 그런 뒤, 우리는 모래 위에서 공을 가지고 놀았다.

5 그러나 모래는 걸어 다닐 수 없을 정도로 뜨거웠다.

6 여름에는 수영이 최고다.

동사 과거형 꽉 잡기!

Verb Check

go – **went** 가다 – 갔다 | **play** – **played** 놀다 – 놀았다 | **walk** – **walked** 걷다 – 걸었다

B 패턴 표현 익히기

일기에 활용하기 좋은 표현을 익혀 보세요.

1

We played with pool floats.
우리는 수영 튜브를 타고 놀았다.

'~을 가지고[~와] 논다[놀았다]'는 '주어 + play[played] with + 명사'로 표현해요. 동사 played는 play(놀다)의 과거형이에요. 그리고 전치사 with 뒤에는 사물이나 사람을 써요.

 나는 친구들과 논다. (play)

my friends 내 친구들

I play with

 나는 모래를 가지고 놀았다. (played)

sand 모래

2

The sand was too hot to walk on.
모래는 걸어 다닐 수 없을 정도로 뜨거웠다.

'~가 너무 ~해서 ~할 수 없었다'는 '주어 was too + 형용사 + to + 동사원형'으로 표현해요. 이때 too는 '(지나치게, 필요 이상으로) 너무'라는 의미로 부정적인 내용에 사용해요. too 뒤에는 형용사를 쓰고, to 뒤에는 반드시 동사원형을 써야 해요.

 나는 너무 피곤해서 운동을 할 수 없었다.

tired 피곤한 / exercise 운동하다

I was too   to

 그는 너무 빨라서 잡을 수 없었다.

fast 빠른 / catch 잡다

He

3

Swimming is the best in summer.

여름에는 수영이 최고다.

'(계절)에는 ~가 최고다'는 '주어(최고인 것) + is the best in + 명사(계절)'로 표현해요. 주어에는 명사/동명사(최고인 것)를 쓰고, 전치사 in 뒤에는 계절을 나타내는 명사를 써요.

겨울에는 스키가 최고다.

skiing 스키 (타기) / winter 겨울

is the best in

봄에는 여행이 최고다.

traveling 여행 / spring 봄

 C 마무리하기

내 일기에 활용할 수 있도록 오늘 표현을 정리해 보세요.

1️⃣ 우리는 수영 튜브를 타고 놀았다.

We   **pool floats.**

2️⃣ 모래는 걸어 다닐 수 없을 정도로 뜨거웠다.

The sand   **hot**   **walk on.**

3️⃣ 여름에는 수영이 최고다.

Swimming   **summer.**

School Sports Day

학교 체육대회

Friday, September 13, Bright

Today was school sports day.

My mom came to cheer for me.

I came in second in the 100m race.

My class barely won the relay race.

Everyone clapped and yelled loudly.

I think my class is the best.

9월 13일, 금요일, 화창함

오늘은 학교 체육대회 날이었다.

엄마가 나를 응원하러 오셨다.

나는 100m 달리기에서 2등을 했다.

우리 반은 계주에서 가까스로 우승했다.

모두가 박수를 치고 크게 소리쳤다.

나는 우리 반이 최고라고 생각한다.

Words

sports day 운동회 날, 체육대회 | **cheer for** ~를 응원하다 | **barely** 간신히, 가까스로 | **relay race** 계주, 릴레이 경주 |

yell 소리치다 | **loudly** 큰 소리로

Date   ,   ,

1 오늘은 학교 체육대회 날이었다.

Today was

2 엄마가 나를 응원하러 오셨다.

3 나는 100m 달리기에서 2등을 했다.

4 우리 반은 계주에서 가까스로 우승했다.

5 모두가 박수를 치고 크게 소리쳤다.

6 나는 우리 반이 최고라고 생각한다.

동사 과거형 꽉 잡기!
Verb Check

come – came 오다 – 왔다 | win – won 이기다 – 이겼다 | clap – clapped 박수를 치다 – 박수를 쳤다

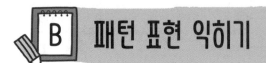
1

My mom came to cheer for me.

엄마가 나를 응원하러 오셨다.

'~가 ~하러(~하기 위해) 왔다'는 '주어 + came to + 동사원형'으로 표현해요. 동사 came은 come(오다)의 과거형이에요. 이때 to 뒤에는 목적을 나타내는 동사원형을 써요.

엄마가 나를 보러 오셨다.

> see me 나를 보다

My mom came to

나는 너랑 놀려고 왔다.

> play with you 너랑 놀다

I

2

I came in second in the 100m race.

나는 100m 달리기에서 2등을 했다.

'나는 (경주에서) ~등을 했다(~위로 들어왔다)'는 'I came in + 순위'로 표현해요. 그리고 순위는 first(1위), second(2위), third(3위)처럼 서수로 표현해요.

나는 경주에서 1등을 했다.

> first 첫 번째 / in a race 경주에서

I came in

나는 경주에서 꼴찌로 들어왔다.

> last 마지막, 꼴찌 / in a race 경주에서

3

I think my class is the best.

나는 우리 반이 최고라고 생각한다.

'나는 ~라고 생각하다'는 'I think (that) + 주어 + 동사'로 표현해요. 이때 think 다음에는 '주어 + 동사'의 완전한 문장을 써야 해요.

나는 이것이 그들의 집이라고 생각한다.

> this is their house 이것이 그들의 집이다

나는 지금까지는 이게 가장 낫다고 생각한다.

> this is the best so far 지금까지 이게 가장 낫다

C 마무리하기

내 일기에 활용할 수 있도록 오늘 표현을 정리해 보세요.

1. 엄마가 나를 응원하러 오셨다.

My mom   cheer for me.

2. 나는 100m 달리기에서 2등을 했다.

second in the 100m race.

3. 나는 우리 반이 최고라고 생각한다.

my class is the best.

A Writing Contest
글짓기 대회

DAY 21

There was a writing contest at school today.

The topic was 'my habit.'

I wrote about my bad habits.

Surprisingly, I won third prize.

This was possible thanks to my daily writing.

I want to improve my writing skills.

5월 28일, 수요일, 해가 쨍쨍

오늘 학교에서 글짓기 대회가 있었다.

주제는 '나의 습관'이었다.

나는 나의 나쁜 습관에 대해 썼다.

놀랍게도, 나는 3등을 했다.

이것은 내가 매일 글쓰기를 한 덕분에 가능했다.

나는 글쓰기 실력을 좀 더 향상시키고 싶다.

contest 대회 | **topic** 주제 | **habit** 버릇, 습관 | **surprisingly** 놀랍게도 | **possible** 가능한 | **skill** 기술, 솜씨

Date   ,   ,

1 오늘 학교에서 글짓기 대회가 있었다.

There was

2 주제는 '나의 습관'이었다.

3 나는 나의 나쁜 습관에 대해 썼다.

4 놀랍게도, 나는 3등을 했다.

5 이것은 내가 매일 글쓰기를 한 덕분에 가능했다.

6 나는 글쓰기 실력을 좀 더 향상시키고 싶다.

동사 과거 꽉 잡기!

Verb Check

write – **wrote** 쓰다 – 썼다 | **win** – **won** 차지하다 – 차지했다 | **improve** – **improved** 향상시키다 – 향상시켰다

1

There was **a writing contest.**

글쓰기 대회가 있었다.

'~가 있다[있었다]'는 'There is[was] + 명사'로 표현해요. 그리고 There is[was]는 따로 해석하지 않아요. is[was] 뒤에는 단수 명사를 써야 하는데, 만약 복수 명사를 넣고 싶다면 be동사를 are[were]로 쓰면 돼요.

해마다 서핑 대회가 있다.   (is)

> a surfing contest 서핑 대회 / every year 해마다

There is

어제 웅변 대회가 있었다.   (was)

> a speech contest 웅변 대회 / yesterday 어제

2

I wrote about **my bad habits.**

나는 **나의 나쁜 습관**에 대해 썼다.

'나는 ~에 대해 쓴다[썼다]'는 'I write[wrote] about + 명사(글 소재)'로 표현해요. 동사 write(쓰다)의 과거형은 wrote예요. 과거형을 쓸 때 주의하세요. 전치사 about 뒤에는 명사를 써야 해요.

나는 한국 음식에 대해 쓴다.   (write)

> Korean food 한국 음식

I write about

나는 그 경기에 대해 썼다.   (wrote)

> that game 그 경기

This was possible thanks to my daily writing.

이것은 내가 매일 글쓰기를 한 덕분에 가능했다.

'(누군가/무엇) 덕분에(때문에)'는 'thanks to + 명사'로 표현해요. 비슷한 표현으로는 'because of + 명사'가 있어요. thanks to 뒤에는
사람이나 사물에 해당하는 말을 쓰고, 문장 앞이나 뒤에 자유롭게 쓸 수 있어요.

 네 도움 덕분에 가능했다.

> your help 네 도움

This was possible thanks to

 네 덕분에 난 행복해.

> I am happy 난 행복해 / you 너

I am happy

C 마무리하기

내 일기에 활용할 수 있도록 오늘 표현을 정리해 보세요.

1. 글쓰기 대회가 있었다.

a writing contest.

2. 나는 나의 나쁜 습관에 대해 썼다.

my bad habits.

3. 이것은 내가 매일 글쓰기를 한 덕분에 가능했다.

This was possible   my daily writing.

Happy Chuseok

DAY
22

행복한 추석

Saturday, October 2, Cool

Today is Chuseok.

My grandparents, uncles, and aunts gathered at our house.

We made songpyeon together and enjoyed some delicious dishes.

I stayed up late playing with my cousins.

Before going to bed, we saw the full moon and made a wish.

This is the best Chuseok I've ever had.

10월 2일, 토요일, 선선함

오늘은 추석이다.

할머니, 할아버지와 삼촌들과 고모들이 우리 집에 모였다.

우리는 함께 송편을 만들었고 맛있는 음식을 먹었다.

나는 사촌들과 노느라 늦게까지 깨어 있었다.

잠자리에 들기 전에, 우리는 보름달을 보고 소원을 빌었다.

내가 이제껏 보낸 추석 중 최고의 추석이다.

A 일기 따라 써 보기

Date   ,   ,

1 오늘은 추석이다.

Today is

2 할머니, 할아버지와 삼촌들과 고모들이 우리 집에 모였다.

3 우리는 함께 송편을 만들었고 맛있는 음식을 먹었다.

4 나는 사촌들과 노느라 늦게까지 깨어 있었다.

5 잠자리에 들기 전에, 우리는 보름달을 보고 소원을 빌었다.

6 내가 이제껏 보낸 추석 중 최고의 추석이다.

동사 과거형 꽉 잡기!

Verb Check

gather – gathered 모이다 – 모였다 | stay – stayed 머무르다 – 머물렀다 | see – saw 보다 – 보았다

1

I stayed up late playing with my cousins.

나는 사촌들과 노느라 늦게까지 깨어 있었다.

'나는 ~하느라 늦게까지 깨어 있다[있었다]'는 'I stay[stayed] up late + 동사ing'로 표현해요. 동사 stay(머무르다)의 과거형은 **stayed**
예요. 과거형을 쓸 때 주의하세요.

나는 공부하느라 늦게까지 깨어 있다. (stay)

> studying 공부하느라

I stay up late

나는 영화를 보느라 늦게까지 깨어 있었다. (stayed)

> watching movies 영화를 보느라

2

Before going to bed, we saw the full moon.

잠자리에 들기 전에, 우리는 보름달을 보았다.

'잠자리에 들기 전에(자기 전에)'는 **before going to bed**로 표현해요. 전치사 **before** 다음에 명사나 동명사(동사원형 + ing) 형태를 써요.
이 표현은 문장 앞이나 뒤에 자유롭게 올 수 있어요.

잠자리에 들기 전에, 나는 책을 읽었다.

> I read a book 나는 책을 읽었다

before going to bed.

잠자리에 들기 전에, 나는 이를 닦았다.

> I brushed my teeth 나는 이를 닦았다

This is the best Chuseok I've ever had.

내가 이제껏 보낸 추석 중 최고의 추석이다.

'내가 먹어 본(가진, 보낸) 최고의 ~이다'는 형용사 good의 최상급 best를 써서 'This is the best + 명사 + I've ever had'로 표현해요. I've는 I have의 줄인 말이에요. 그 뒤에 나오는 had는 have의 과거분사형으로, '가지다, 있다, 먹다, 마시다' 등 다양한 의미가 있어요.

내가 먹어 본 것 중 최고의 음식이다.

food 음식

This is the best ⸺⸺⸺ I've ever had.

내가 이제껏 보낸 휴일 중 최고의 휴일이다.

holiday 휴일

C 마무리하기

내 일기에 활용할 수 있도록 오늘 표현을 정리해 보세요.

1 나는 사촌들과 노느라 늦게까지 깨어 있었다.

play ⸺⸺ with my cousins.

2 잠자리에 들기 전에, 우리는 보름달을 봤다.

⸺⸺⸺⸺ , we saw the full moon.

3 내가 이제껏 보낸 추석 중 최고의 추석이다.

Chuseok ⸺⸺⸺⸺ .

A Halloween Party

할로윈 파티

Friday, October 31, Chilly

We had a Halloween party in class.

On Halloween, we should wear scary costumes and masks.

I dressed up as a witch, and my friends dressed up as ghosts and superheroes.

We went trick-or-treating.

The teachers gave out some sweets.

I'm already excited about the party next year.

10월 31일, 금요일, 쌀쌀함

우리는 수업 시간에 할로윈 파티를 했다.

할로윈에 우리는 무서운 의상을 입고 가면을 써야 한다.

나는 마녀 분장을 했고, 내 친구들은 유령과 슈퍼히어로로 분장을 했다.

우리는 '과자를 안 주면 장난칠 거예요'를 하러 갔다.

선생님들은 사탕을 나누어 주셨다.

나는 벌써 내년 파티가 기대된다.

Words

Halloween 할로윈 | **scary** 무서운 | **costume** 의상 | **superhero** 슈퍼히어로(영웅) | **trick-or-treat** (놀이) 과자를 안 주면 장난칠 거예요 | **give out** ～를 나눠 주다 | **sweet** 사탕 | **already** 벌써, 이미

Date , ,

1 우리는 수업 시간에 할로윈 파티를 했다.

We had

2 할로윈에 우리는 무서운 의상을 입고 가면을 써야 한다.

3 나는 마녀 분장을 했고, 내 친구들은 유령과 슈퍼히어로로 분장을 했다.

4 우리는 '과자를 안 주면 장난칠 거예요'를 하러 갔다.

5 선생님들은 사탕을 나누어 주셨다.

6 나는 벌써 내년 파티가 기대된다.

동사 과거형 꽉 잡기!

Verb Check

wear – wore 입고 있다 – 입고 있었다 | dress – dressed 옷을 입다 – 옷을 입었다 | give – gave 주다 – 주었다

1

We should wear scary costumes and masks.

우리는 무서운 복장을 입고 가면을 써야 한다.

'우리는 ~을 착용해야(입어야) 한다'는 'We should wear + 목적어(명사)'로 표현해요. 조동사 should는 '~해야 한다'는 뜻이고, 동사 wear는 '입다, 쓰다, 신다, 착용하다'의 다양한 뜻이 있어요. 그래서 목적어에는 옷, 안경, 양말, 신발 등이 올 수 있어요.

 우리는 특수 안경을 착용해야 한다.   special glasses 특수 안경

We should wear

 우리는 추석에 한복을 입어야 한다.   hanboks 한복 / on Chuseok 추석에

2

I dressed up as a witch.

나는 마녀 분장을 했다.

'나는 ~처럼 차려입었다(분장했다)'는 'I dressed up as + 명사'로 표현해요. 동사 dressed는 dress(차려입다)의 과거형이에요. 'as + 명사'는 '(명사)처럼'이라고 해석해요.

 나는 마법사처럼 차려입었다.   a wizard 마법사

I dressed up as

 나는 좀비 분장을 했다.   a zombie 좀비

3

I'm excited about **the party next year.**

나는 **내년** 파티가 기대된다.

'나는 ~가 기대된다'는 'I'm excited about + 명사(기대되는 대상)'로 표현해요. I'm은 I am의 줄인 말이에요. 그리고 전치사 about 뒤에는 명사(기대되는 대상)를 써요

나는 테마 공원이 기대된다.

the theme park 테마 공원

I'm excited about

나는 이번 여행이 기대된다.

this trip 이번 여행

C 마무리하기

내 일기에 활용할 수 있도록 오늘 표현을 정리해 보세요.

1 우리는 **무서운 복장**을 입고 **가면**을 써야 한다.

scary costumes and masks.

2 나는 **마녀** 분장을 했다.

a witch.

3 나는 **내년** 파티가 기대된다.

the party next year.

My Bad Eating Habits

나의 나쁜 식습관

Sunday, November 12, Cloudy

I decided to change my eating habits.

I often eat fast food like hamburgers and pizza.

I prefer junk food to fruit.

But strangely, my stomach hurts these days.

I had a stomachache and ate only porridge today.

I will try to eat healthy food.

11월 12일, 일요일, 흐림

나는 나의 식습관을 바꾸기로 결심했다.

난 햄버거, 피자 같은 패스트푸드를 자주 먹는다.

나는 과일보다 정크푸드가 더 좋다.

그런데 이상하게, 요즘 배가 아프다.

나는 배탈이 나서 오늘은 죽만 먹었다.

나는 건강에 좋은 음식을 먹도록 해야겠다.

Words

habit 습관 | fast food 패스트푸드 | junk food 정크푸드, 영양가 없는 음식 | strangely 이상하게도 | stomach 위, 배, 속 |

stomachache 배탈, 복통 | porridge 죽 | healthy 건강한, 건강에 좋은

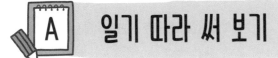
Date   ,   ,

1 나는 나의 식습관을 바꾸기로 결심했다.

I decided

2 난 햄버거, 피자 같은 패스트푸드를 자주 먹는다.

3 나는 과일보다 정크푸드가 더 좋다.

4 그런데 이상하게, 요즘 배가 아프다.

5 나는 배탈이 나서 오늘은 죽만 먹었다.

6 나는 건강에 좋은 음식을 먹도록 해야겠다.

동사 과거형 꽉 잡기!

Verb Check

decide – decided 결정하다 – 결정했다 | prefer – preferred 더 좋아하다 – 더 좋아했다 | hurt – hurt 아프다 – 아팠다

1

I decided to change my eating habits.

나는 나의 식습관을 바꾸기로 결심했다.

'나는 ~하기로 결심했다'는 'I decided to + 동사원형'으로 표현해요. 동사 decided는 decide(결심하다)의 과거형이에요. 그리고 to 뒤에는 반드시 동사원형을 써야 해요.

 나는 더 열심히 공부하기로 결심했다.

> study harder 더 열심히 공부하다

I decided to

 나는 머리를 기르기로 결심했다.

> grow my hair 머리를 기르다

2

I often eat fast food.

나는 패스트푸드를 자주 먹는다.

'나는 자주 ~을 먹는다'는 'I often eat + 목적어(음식 이름)'로 표현해요. often(자주, 종종)은 빈도를 나타내는 부사예요. 빈도에 따라 often 대신에 always(항상), sometimes(가끔), rarely(거의 ~않는), never(절대 ~않는)를 활용해서 쓸 수 있어요.

 나는 샌드위치를 자주 먹는다.

> sandwiches 샌드위치

I often eat

 나는 프라이드치킨을 자주 먹는다.

> fried chicken 프라이드치킨

3

I prefer junk food to fruit.

나는 과일보다 정크푸드가 더 좋다.

'나는 B보다 A가 더 좋다'는 'I prefer A to B'로 표현해요. A와 B에는 명사 또는 동명사(동사원형 + ing)를 쓸 수 있어요.

나는 야채보다 고기가 더 좋다.

meat 고기 / vegetables 야채

I prefer ----------- to -----------

나는 춤추는 것보다 노래 부르는 게 더 좋다.

singing 노래 부르기 / dancing 춤추기

C 마무리하기

내 일기에 활용할 수 있도록 오늘 표현을 정리해 보세요.

1 나는 나의 식습관을 바꾸기로 결심했다.

change my eating habits.

2 나는 패스트푸드를 자주 먹는다.

fast food.

3 나는 과일보다 정크푸드가 더 좋다.

junk food   fruit.

Working Out Is Hard

DAY 25

운동은 힘들어

Today, I just started working out.

I'm gaining weight these days.

I planned to jump rope for 10 minutes every day.

But I gave it up soon!

I want to stay fit, but I hate exercise.

I wish I could lose weight with a little exercise.

11월 6일, 월요일, 바람 붐

오늘부터 나는 운동을 시작했다.

난 요즘 살이 찌고 있다.

나는 매일 줄넘기를 10분씩 할 계획이었다.

하지만 나는 금방 포기했다!

나는 건강하고 싶지만, 운동을 싫어한다.

나는 운동을 조금만 하고도 살이 빠지면 좋겠다.

Words

work out 운동하다 | **gain weight** 체중이 늘다, 살이 찌다 | **jump rope** 줄넘기를 하다 | **for 10 minutes** 10분 동안 |
give up 포기하다 | **stay fit** 건강을 유지하다 | **exercise** 운동 | **could** ~할 수 있었다 | **lose weight** 살이 빠지다

A 일기 따라 써 보기

Date   ,   ,

1 오늘부터 나는 운동을 시작했다.

Today, I just started

2 난 요즘 살이 찌고 있다.

3 나는 매일 줄넘기를 10분씩 할 계획이었다.

4 하지만 나는 금방 포기했다!

5 나는 건강하고 싶지만, 운동을 싫어한다.

6 나는 운동을 조금만 하고도 살이 빠지면 좋겠다.

동사 과거형 꽉 잡기!

start – started 시작하다 – 시작했다 | plan – planned 계획하다 – 계획했다 | give up – gave up 포기하다 – 포기했다

1

I started working out.
나는 운동을 시작했다.

'나는 ～을 시작했다'는 'I started + 목적어'로 표현해요. 동사 started는 start(시작하다)의 과거형이에요. 목적어에는 명사나 동명사(동사원형 + ing) 형태를 써요.

나는 7시에 조깅을 시작했다.

jogging 조깅 / at seven 7시에

I started

나는 자료를 입력하기 시작했다.

entering data 자료를 입력하기

2

I'm gaining weight.
나는 살이 찌고 있다.

'나는 (지금) ～하고 있다(있는 중이다)'는 'I'm + 동사ing'로 표현하고, 현재 진행되고 있는 일을 나타내요.

나는 영어를 공부하고 있다.

study English 영어를 공부하다

I'm   ing

나는 숙제를 하는 중이다.

do my homework 숙제를 하다

110

3

I planned to jump rope.
나는 줄넘기를 할 계획이었다.

'나는 ~할 계획이다[계획이었다]'는 'I plan[planned] to + 동사원형'으로 표현해요. 동사 plan(계획하다)의 과거형은 planned예요. 그리고 to 뒤에는 동사원형을 반드시 써야 해요.

나는 음악가가 될 계획이다. (plan to)

> be a musician 음악가가 되다

I plan to

나는 생일 파티를 할 계획이었다. (planned to)

> have a birthday party 생일 파티를 하다

 C **마무리하기**

내 일기에 활용할 수 있도록 오늘 표현을 정리해 보세요.

1 나는 운동을 시작했다.

working out.

2 나는 살이 찌고 있다.

gain   weight.

3 나는 줄넘기를 할 계획이었다.

jump rope.

A Camping Trip

캠핑 여행

Saturday, October 17, Clear

My family went camping in Gapyeong.

The leaves turned yellow and red, so they were colorful.

As soon as we arrived at the campsite, we set up our tent.

We started a campfire and sat around it.

Then, we had a barbecue over the fire.

I will never forget the taste!

10월 17일, 토요일, 맑음

우리 가족은 가평에 캠핑하러 갔다.

단풍이 들어 울긋불긋했다.

우리는 캠핑장에 도착하자마자, 텐트를 쳤다.

우리는 모닥불을 피우고 주위에 둘러앉았다.

그런 뒤, 그 불에 바비큐도 했다.

나는 그 맛을 절대 잊지 못할 것이다!

Words

go camping 캠핑하러 가다 | turn yellow and red 노랗게 빨갛게 되다 | colorful 화려한, 알록달록한 |

campsite 야영지, 캠핑장 | around 사방에, 빙 둘러 | barbecue 바비큐 | over the fire 불 위로 | taste 맛

Date   ,   ,

1 우리 가족은 가평에 캠핑하러 갔다.

My family went

2 단풍이 들어 울긋불긋했다.

3 우리는 캠핑장에 도착하자마자, 텐트를 쳤다.

4 우리는 모닥불을 피우고 주위에 둘러앉았다.

5 그런 뒤, 그 불에 바비큐도 했다.

6 나는 그 맛을 절대 잊지 못할 것이다!

동사 과거형 꽉 잡기!
Verb Check

set up – set up 설치하다 – 설치했다 | sit – sat 앉다 – 앉았다 | forget – forgot 잊다 – 잊었다

1

The leaves turned yellow and red.
나뭇잎들이 단풍이 들었다.

'~가 (~한 상태로) 변했다(됐다)'는 '주어 + turned + 보어(형용사)'로 표현해요. 보어에는 형용사를 써요. 동사 turn(변하다)의 과거형은 turned예요.

 나뭇잎이 누렇게 되었다.

brown 누렇게, 갈색의

The leaves turned

 그는 그 소식에 창백해졌다.

pale 창백한 / at the news 그 소식에

He

2

As soon as we arrived, we set up our tent.
우리는 도착하자마자, 텐트를 쳤다.

'~하자마자, ~하자 곧'은 'As soon as + 주어 + 동사'로 표현해요. As soon as가 문장 앞에서 접속사 역할을 하므로 그 뒤에는 '주어 + 동사'의 완전한 문장을 써야 해요.

 나는 집에 오자마자, 점심을 먹었다.

I got home 나는 집에 왔다 / I had lunch 나는 점심을 먹었다

As soon as   , I had lunch.

 비가 그치자마자, 나는 떠났다.

it stopped raining 비가 그쳤다 / I left 나는 떠났다

114

3

I will never forget the taste!

나는 그 맛을 절대 잊지 못할 것이다!

'나는 ~을 절대 잊지 않을 것이다'는 'I will never forget + 목적어(명사)'로 표현해요. 그리고 부사 never는 '절대 ~않는'의 뜻으로 문장 전체를 부정의 의미로 만들어요.

나는 그녀를 절대 잊지 않을 것이다!

> her 그녀

I will never forget

나는 너의 친절(은혜)을 절대 잊지 않을 것이다!

> your kindness 너의 친절

C 마무리하기

내 일기에 활용할 수 있도록 오늘 표현을 정리해 보세요.

1 나뭇잎들이 단풍이 들었다.

The leaves   yellow and red.

2 우리는 도착하자마자, 텐트를 쳤다.

we arrivied, we set up our tent.

3 나는 그 맛을 절대 잊지 못할 것이다!

the taste!

Playing Games Too Much
게임을 너무 많이 해

Friday, August 21, Humid

I was banned from playing games today.

I promised to play for only an hour a day yesterday.

I was going to stop playing an hour later.

But the game was so exciting.

Two hours later, I was surprised to see my mom behind me.

I regret breaking my promise!

8월 21일, 금요일, 습함

나는 오늘 게임을 하는 것이 금지되었다.

어제 나는 하루에 한 시간만 하겠다고 약속했다.

난 한 시간 후에 그만하려고 했었다.

하지만 게임이 너무 재미있었다.

2시간 후, 나는 엄마가 내 뒤에 있는 것을 보고 깜짝 놀랐다.

나는 약속을 어긴 것을 후회한다!

only 오직, ~만 | an hour a day 하루에 한 시간 | later 후에 | behind me 내 뒤에 | break one's promise 약속을 어기다

Date 　　　　　　 , 　　　　　　 ,

1 나는 오늘 게임을 하는 것이 금지되었다.

I was banned from

2 어제 나는 하루에 한 시간만 하겠다고 약속했다.

3 난 한 시간 후에 그만하려고 했었다.

4 하지만 게임이 너무 재미있었다.

5 2시간 후, 나는 엄마가 내 뒤에 있는 것을 보고 깜짝 놀랐다.

6 나는 약속을 어긴 것을 후회한다!

동사 과거형 꽉 잡기!
Verb Check

ban - banned 금지하다 - 금지했다 | promise - promised 약속하다 - 약속했다 | regret - regretted 후회하다 - 후회했다

일기에 활용하기 좋은 표현을 익혀 보세요.

1

I was banned from playing games.

나는 게임하는 것이 금지되었다.

'나는 ～이 금지되었다(못 하게 되었다)'는 'I was banned from + 명사/동사ing'로 표현해요. 전치사 from 뒤에는 명사나 동명사(동사원형 + ing) 형태를 써요.

나는 젤리를 못 먹게 되었다.

eating jelly 젤리를 먹는 것

I was banned from

나는 TV를 못 보게 되었다.

watching TV TV를 보는 것

2

I promised to play for only an hour a day.

나는 하루에 한 시간만 하겠다고 약속했다.

'나는 ～하겠다고 약속했다'는 'I promised to + 동사원형'으로 표현해요. 동사 promised는 promise(약속하다)의 과거형이에요. 이때 to 다음에는 동사원형을 반드시 써야 해요.

나는 일찍 일어나겠다고 약속했다.

get up early 일찍 일어나다

I promised to

나는 그녀를 기다리겠다고 약속했다.

wait for her 그녀를 기다리다

I regret breaking my promise!

나는 약속을 어긴 것을 후회한다!

'나는 (과거에) ~한 것을 후회하다'는 'I regret + 목적어(동사ing)'로 표현해요. 이때 목적어는 동명사(동사원형 + ing) 형태를 쓰고, '~하기', '~한 것'이라고 해석해요.

나는 이걸 산 것을 후회한다!

> buying this 이것을 산 것

I regret

나는 그런 말을 한 것을 후회한다!

> saying that 그런 말을 한 것

C 마무리하기

내 일기에 활용할 수 있도록 오늘 표현을 정리해 보세요.

⭐1 나는 게임하는 것이 금지되었다.

playing games.

⭐2 나는 하루에 한 시간만 하겠다고 약속했다.

play for only an hour a day.

⭐3 나는 약속을 어긴 것을 후회한다!

break   my promise!

My Dream Job
내가 꿈꾸는 직업

Tuesday, September 5, Clear

My dream is to be a computer programmer.

Last year, I wanted to be a teacher, but now I changed my mind.

I watched a TV interview with a computer programmer.

He develops fun learning games.

I want to make the world a better place.

I hope my dream comes true.

9월 5일, 화요일, 맑음

내 꿈은 컴퓨터 프로그래머가 되는 것이다.

작년에는 선생님이 되고 싶었는데 지금은 마음이 바뀌었다.

나는 한 컴퓨터 프로그래머와의 TV 인터뷰를 봤다.

그는 재미있는 학습 게임을 개발한다.

나는 세상을 더 나은 곳으로 만들고 싶다.

나는 내 꿈이 이루어지길 바란다.

Words

programmer 프로그래머 | **last year** 작년 | **change one's mind** 마음(생각)을 바꾸다 | **interview with** ~와의 인터뷰 |

learning game 학습 게임 | **better** 더 좋은 | **come true** 이루어지다, 실현되다

Date   ,   ,

1 내 꿈은 컴퓨터 프로그래머가 되는 것이다.

My dream is to be

2 작년에는 선생님이 되고 싶었는데 지금은 마음이 바뀌었다.

3 나는 한 컴퓨터 프로그래머와의 TV 인터뷰를 봤다.

4 그는 재미있는 학습 게임을 개발한다.

5 나는 세상을 더 나은 곳으로 만들고 싶다.

6 나는 내 꿈이 이루어지길 바란다.

동사 과거형 꽉 잡기!
Verb Check

change – changed 달라지다 – 달라졌다 | watch – watched 보다 – 봤다 | develop – developed 개발하다 – 개발했다

1

My dream is to be **a computer programmer.**
내 꿈은 **컴퓨터 프로그래머**가 되는 것이다.

'내 꿈은 ～가 되는 것이다'는 'My dream is to be + 명사(직업)'로 표현해요. 그리고 직업을 나타내는 명사 앞에는 보통 a/an을 써요.

 내 꿈은 건축가가 되는 것이다.   an architect 건축가

My dream is to be

 내 꿈은 그래픽 디자이너가 되는 것이다.   a graphic designer 그래픽 디자이너

2

I want to make **the world a better place.**
나는 **세상을 더 나은 곳으로** 만들고 싶다.

'나는 A를 B가 되게 만들고 싶다'는 'I want to make A(목적어) + B(목적보어)'로 표현해요. A에는 변화시키고 싶은 명사를 쓰고, B에는 변화된 상태를 나타내는 명사나 형용사, 동사원형을 쓰면 돼요.

 나는 내 방을 깨끗하게 하고 싶다.   my room 내 방 / clean 깨끗한

I want to make

 나는 그녀를 웃게 하고 싶다.   her 그녀 / smile 웃다

I hope my dream comes true.

나는 내 꿈이 이루어지길 바란다.

'나는 ~을 바란다, ~하면 좋겠다'는 'I hope (that) + 주어 + 동사'로 표현해요. 이때 that은 생략할 수 있어요.

네가 무사하길 바란다.

> you're okay 네가 무사하다

I hope

비가 안 오면 좋겠다.

> it doesn't rain 비가 안 오다

C 마무리하기

내 일기에 활용할 수 있도록 오늘 표현을 정리해 보세요.

1 내 꿈은 **컴퓨터 프로그래머**가 되는 것이다.

a computer programmer.

2 나는 **세상을 더 나은 곳으로** 만들고 싶다.

the world a better place.

3 나는 **내 꿈이 이루어지길** 바란다.

my dream comes true.

My First Ski Camp
나의 첫 스키 캠프

DAY 29

Friday, January 20, Cold

I participated in a ski camp.

I learned to ski for the first time.

It was scary to get on the lift.

I fell down several times while skiing.

I almost crashed into someone else.

But I was so happy when I first went down the slope.

1월 20일, 금요일, 추움

나는 스키 캠프에 참가했다.

처음으로 나는 스키 타는 법을 배웠다.

리프트를 타는 게 무서웠다.

나는 스키를 타면서 여러 번 넘어졌다.

나는 다른 사람과 거의 충돌할 뻔했다.

그러나 처음 슬로프를 내려갔을 때는 너무 기뻤다.

Words

for the first time 처음으로 | **get on the lift** 리프트를 타다 | **several times** 여러 차례 | **almost** 거의 |

crash into ~와 충돌하다 | **someone else** 다른 사람 | **slope** 비탈, 경사지, 슬로프

일기 따라 써 보기

문장을 읽으면서 따라 써 보세요.

Date   ,   ,

1 나는 스키 캠프에 참가했다.

I participated in

2 처음으로 나는 스키 타는 법을 배웠다.

3 리프트를 타는 게 무서웠다.

4 나는 스키를 타면서 여러 번 넘어졌다.

5 나는 다른 사람과 거의 충돌할 뻔했다.

6 그러나 처음 슬로프를 내려갔을 때는 너무 기뻤다.

동사 과거형 꽉 잡기!

Verb Check

participate – participated 참가하다 – 참가했다 | **fall – fell** 넘어지다 – 넘어졌다 | **crash – crashed** 충돌하다 – 충돌했다

1

I participated in a ski camp.
나는 스키 캠프에 참가했다.

'나는 ~에 참가하다[참가했다]'는 'I participate[participated] in + 명사'로 표현해요. 전치사 in 뒤에는 모임이나 활동, 대회를 나타내는 명사를 써요. 동사 participate(참가하다, 참여하다)의 과거형은 participated예요.

 나는 동아리 활동에 참여했다.　　　a club 동아리 활동

I participated in _____

 나는 토론에 참가했다.　　　the debate 토론

_____

2

I learned to ski.
나는 스키 타는 법을 배웠다.

'나는 ~하는 것(법)을 배웠다'는 'I learned to + 동사원형'으로 표현해요. 동사 learn(배우다)의 과거형은 learned예요. 그리고 to 뒤에 반드시 동사원형을 써야 해요.

 나는 춤추는 법을 배웠다.　　　dance 춤추다

I learned to _____

 나는 중국어로 말하는 법을 배웠다.　　　speak Chinese 중국어로 말하다

_____

3

I fell down several times while skiing.

나는 스키를 타면서 여러 번 넘어졌다.

'～하는 동안(～하다가)'은 접속사 while을 써서 표현해요. 접속사 while 뒤에는 '주어 + 동사'의 문장을 써야 하지만, 주어와 be동사는 생략할 수 있어요. 이 문장에서 while skiing은 while I was skiing을 줄인 표현이에요.

나는 스케이트를 타다가 목도리를 잃어버렸다.

skating 스케이트를 타며

I lost my muffler while

나는 라면을 끓이다가 손가락을 다쳤다.

cooking ramen 라면을 끓이며

I hurt my finger

C 마무리하기

내 일기에 활용할 수 있도록 오늘 표현을 정리해 보세요.

1 나는 스키 캠프에 참가했다.

a ski camp.

2 나는 스키 타는 법을 배웠다.

ski.

3 나는 스키를 타면서 여러 번 넘어졌다.

I fell down several times   ski   .

Waiting for Christmas
크리스마스를 기다리며

Saturday, December 24, Snowy

Christmas is my favorite time of the year.

I decorated the Christmas tree with my family.

We sang Christmas carols happily.

On Christmas I always get presents.

I wonder what I'll get this year.

I'm looking forward to Christmas. Merry Christmas!

12월 24일, 토요일, 눈 내림

크리스마스는 일 년 중 내가 가장 좋아하는 때이다.

나는 가족과 크리스마스 트리를 장식했다.

우리는 크리스마스 캐롤을 즐겁게 불렀다.

크리스마스에 나는 항상 선물을 받는다.

나는 올해 무엇을 받을지 궁금하다.

나는 크리스마스를 기대하고 있다. 메리 크리스마스!

Words

Christmas 크리스마스, 성탄절 | **favorite** 가장 좋아하는 | **carol** 캐롤 | **happily** 행복하게, 즐겁게 | **wonder** 궁금하다 | **get** 받다 | **look forward to** ~를 기대하다

Date   ,   ,

1 크리스마스는 일 년 중 내가 가장 좋아하는 때이다.

Christmas is

2 나는 가족과 크리스마스 트리를 장식했다.

3 우리는 크리스마스 캐롤을 즐겁게 불렀다.

4 크리스마스에 나는 항상 선물을 받는다.

5 나는 올해 무엇을 받을지 궁금하다.

6 나는 크리스마스를 기대하고 있다. 메리 크리스마스!

동사 과거형 꽉 잡기!

Verb Check

decorate – decorated 장식하다 – 장식했다 | sing – sang 노래하다 – 노래했다 | look – looked 보다 – 봤다

1

Christmas is my favorite time of the year.

크리스마스는 일 년 중 내가 가장 좋아하는 때이다.

'~는 내가 가장 좋아하는 ~이다'는 '주어 + be동사 my favorite + 명사(좋아하는 것)'로 표현해요. be동사는 주어가 단수인 경우 is를, 복수인 경우 are를 써요.

초록색은 내가 가장 좋아하는 색이다.

green 초록색 / color 색

Green is my favorite

포도는 내가 가장 좋아하는 과일이다.

grapes 포도 / fruit 과일

2

I wonder what I'll get.

나는 무엇을 받을지 궁금하다.

'나는 ~인지 궁금하다'는 'I wonder 의문사 + 주어 + 동사'로 표현해요. 이때 의문사는 who, what, where, how, why를 쓸 수 있어요.

나는 네가 무엇을 생각하는지 궁금하다.

what you think 네가 무엇을 생각하는지

I wonder

나는 그가 누구인지 궁금하다.

who he is 그가 누구인지

I'm looking forward to Christmas.

나는 크리스마스를 기대하고 있다.

'나는 ~을 기대하고 있다'는 'I'm looking forward to + 명사/동사ing'로 표현해요. 전치사 to 뒤에는 명사나 동명사(동사원형 + ing) 형태를 써서 기대하는 내용을 표현해요.

나는 이번 주말을 기대하고 있다.

> this weekend 이번 주말

I'm looking forward to

나는 너를 만나길 기대하고 있다.

> seeing you 너를 만나기

C 마무리하기

내 일기에 활용할 수 있도록 오늘 표현을 정리해 보세요.

⭐1 크리스마스는 일 년 중 내가 가장 좋아하는 때이다.

Christmas   time of the year.

⭐2 나는 무엇을 받을지 궁금하다.

what I'll get.

⭐3 나는 크리스마스를 기대하고 있다.

Christmas.

DAY 01 Page 14~15

B 패턴 표현 익히기

1. I like reading books.
   I like learning English.
2. I will make plans.
   I will buy a book.
3. The movie is so fun!
   Camping is so fun!

C 마무리 하기

1. I like
2. I will
3. is so fun

DAY 02 Page 18~19

B 패턴 표현 익히기

1. I go to school at eight.
   I went to the museum.
2. I finished the cake.
   I finished cleaning my room.
3. I am going to watch a movie.
   I am going to stop here.

C 마무리 하기

1. I went to
2. I finished
3. I am going to

DAY 03 Page 22~23

B 패턴 표현 익히기

1. I spend the holiday with my family.
   I spent two hours with my friends.
2. I have to do my homework.
   I had to take some medicine.
3. I try to win.
   I tried to follow the rules.

C 마무리 하기

1. I spent, with
2. I had to
3. I tried to

DAY 04 Page 26~27

B 패턴 표현 익히기

1. I am good at singing.
   I am good at drawing.
2. It's interesting to watch birds.
   It's interesting to study English.
3. My new hobby is drawing animals.
   My new hobby is dancing.

C 마무리 하기

1. I am good at
2. It's interesting to
3. My new hobby is

B 패턴 표현 익히기

1. Summer vacation started today.
   The rainy season started today.
2. I really like my new shoes.
   I really like my new hairstyle.
3. I'm so sorry.
   I'm so nervous.

C 마무리 하기

1. started today
2. I really like
3. I'm so

B 패턴 표현 익히기

1. I have no time for a workout.
   I had no time for lunch.
2. I usually get up early.
   I usually study in the evening.
3. Luckily, I arrived before the sun set.
   Luckily, I arrived in time.

C 마무리 하기

1. I had no time for
2. I usually
3. Luckily, I arrived

B 패턴 표현 익히기

1. I had an argument with my brother.
   I had an argument with my mom.
2. I never thought I would see you again.
   I never thought she would win.
3. I need to get some sleep.
   I need to arrive by five.

C 마무리 하기

1. I had an argument with
2. I never thought
3. I need to

B 패턴 표현 익히기

1. I lost my passport.
   I lost weight.
2. I felt good.
   I felt bad.
3. I think I should leave now.
   I think I should tell you.

C 마무리 하기

1. I lost
2. I felt
3. I think I should

DAY 09 Page 46~47

B 패턴 표현 익히기

1. I go skiing.
   I went swimming.
2. This color is popular these days.
   This bike is popular these days.
3. I am happy with my choice.
   I am happy with my face.

C 마무리 하기

1. I went, ping
2. is popular these days
3. I am happy with

DAY 10 Page 50~51

B 패턴 표현 익히기

1. It is Children's Day today.
   It was my 11th birthday today.
2. I buy tickets for a bus.
   I bought a gift for my friend.
3. We enjoy our vacation.
   We enjoyed playing soccer.

C 마무리 하기

1. It was, today
2. I bought, for
3. We enjoyed

DAY 11 Page 54~55

B 패턴 표현 익히기

1. I don't have much homework.
   I didn't have much appetite.
2. I make butter and cheese.
   I made a cake and candles.
3. It was nice to see you.
   It was nice to have a goal.

C 마무리 하기

1. I didn't have much
2. I made
3. It was nice to

DAY 12 Page 58~59

B 패턴 표현 익히기

1. We ate ice cream for dessert.
   We ate bacon and eggs for breakfast.
2. We play badminton.
   We played baseball.
3. I hope to see you next time.
   I hope to arrive around two.

C 마무리 하기

1. We ate, for
2. We played
3. I hope to

DAY 13 · Page 62~63

B 패턴 표현 익히기

1. I'm in charge of the dance part.
   I'm in charge of feeding the dog.
2. It's hard to say.
   It's hard to understand.
3. It's good for your eyes.
   It's good for the environment.

C 마무리 하기

1. I'm in charge of
2. It's hard to
3. It's good for

DAY 14 · Page 66~67

B 패턴 표현 익히기

1. I learn about Korean history.
   I learned about the ecosystem.
2. My favorite subject is P.E..
   My favorite subject is math.
3. I'm interested in music.
   I'm interested in art.

C 마무리 하기

1. I learned about
2. My favorite subject is
3. I'm interested in

DAY 15 · Page 70~71

B 패턴 표현 익히기

1. I have a lot of work.
   I had a lot of friends.
2. I don't feel like dancing.
   I didn't feel like going out.
3. I really hate the cold.
   I really hate taking exams.

C 마무리 하기

1. I had a lot of
2. I didn't feel like, ing
3. I really hate

DAY 16 · Page 74~75

B 패턴 표현 익히기

1. I have a headache.
   I have a runny nose.
2. The nurse told me to wait here.
   My mom told me to come home early.
3. I want to help you.
   I want to get some rest.

C 마무리 하기

1. I have
2. told me to
3. I want to

DAY 17 Page 78~79

B 패턴 표현 익히기

1. It snowed all day.
   It was cold all day.
2. It was as white as snow.
   She was as busy as a bee.
3. Her name comes to mind.
   Two things come to mind.

C 마무리 하기

1. It, all day
2. It was as, as
3. comes to mind

DAY 18 Page 82~83

B 패턴 표현 익히기

1. It is so hot in summer.
   It was freezing outside.
2. I'm sensitive to the cold.
   I'm sensitive to the noise.
3. I wish it would stop raining soon.
   I wish it would warm up soon.

C 마무리 하기

1. It was
2. I'm sensitive to
3. I wish it would, soon

DAY 19 Page 86~87

B 패턴 표현 익히기

1. I play with my friends.
   I played with sand.
2. I was too tired to exercise.
   He was too fast to catch.
3. Skiing is the best in winter.
   Traveling is the best in spring.

C 마무리 하기

1. played with
2. was too, to
3. is the best in

DAY 20 Page 90~91

B 패턴 표현 익히기

1. My mom came to see me.
   I came to play with you.
2. I came in first in a race.
   I came in last in a race.
3. I think this is their house.
   I think this is the best so far.

C 마무리 하기

1. came to
2. I came in
3. I think

DAY 21 Page 94~95

B 패턴 표현 익히기

1. There is a surfing contest every year.
   There was a speech contest yesterday.
2. I write about Korean food.
   I wrote about that game.
3. This was possible thanks to your help.
   I am happy thanks to you.

C 마무리 하기

1. There was
2. I wrote about
3. thanks to

DAY 22 Page 98~99

B 패턴 표현 익히기

1. I stay up late studying.
   I stayed up late watching movies.
2. I read a book before going to bed.
   Before going to bed, I brushed my teeth.
3. This is the best food I've ever had.
   This is the best holiday I've ever had.

C 마무리 하기

1. I stayed up late, ing
2. Before going to bed
3. This is the best, I've ever had

DAY 23 Page 102~103

B 패턴 표현 익히기

1. We should wear special glasses.
   We should wear hanboks on Chuseok.
2. I dressed up as a wizard.
   I dressed up as a zombie.
3. I'm excited about the theme park.
   I'm excited about this trip.

C 마무리 하기

1. We should wear
2. I dressed up as
3. I'm excited about

DAY 24 Page 106~107

B 패턴 표현 익히기

1. I decided to study harder.
   I decided to grow my hair.
2. I often eat sandwiches.
   I often eat fried chicken.
3. I prefer meat to vegetables.
   I prefer singing to dancing.

C 마무리 하기

1. I decided to
2. I often eat
3. I prefer, to

DAY 25 　Page 110~111

B 패턴 표현 익히기

1. I started jogging at seven.
   I started entering data.
2. I'm studying English.
   I'm doing my homework.
3. I plan to be a musician.
   I planned to have a birthday party.

C 마무리 하기

1. I started
2. I'm, ing
3. I planned to

DAY 26 　Page 114~115

B 패턴 표현 익히기

1. The leaves turned brown.
   He turned pale at the news.
2. As soon as I got home, I had lunch.
   As soon as it stopped raining, I left.
3. I will never forget her!
   I will never forget your kindness!

C 마무리 하기

1. turned
2. As soon as
3. I will never forget

DAY 27 　Page 118~119

B 패턴 표현 익히기

1. I was banned from eating jelly.
   I was banned from watching TV.
2. I promised to get up early.
   I promised to wait for her.
3. I regret buying this!
   I regret saying that!

C 마무리 하기

1. I was banned from
2. I promised to
3. I regret, ing

DAY 28 　Page 122~123

B 패턴 표현 익히기

1. My dream is to be an architect.
   My dream is to be a graphic designer.
2. I want to make my room clean.
   I want to make her smile.
3. I hope you're okay.
   I hope it doesn't rain.

C 마무리 하기

1. My dream is to be
2. I want to make
3. I hope

B 패턴 표현 익히기

1. I participated in a club.
   I participated in the debate.
2. I learned to dance.
   I learned to speak Chinese.
3. I lost my muffler while skating.
   I hurt my finger while cooking ramen.

C 마무리 하기

1. I participated in
2. I learned to
3. while, ing

B 패턴 표현 익히기

1. Green is my favorite color.
   Grapes are my favorite fruit.
2. I wonder what you think.
   I wonder who he is.
3. I'm looking forward to this weekend.
   I'm looking forward to seeing you.

C 마무리 하기

1. is my favorite
2. I wonder
3. I'm looking forward to

동사 변화표

✔	동사원형	과거	과거분사	뜻
☐	adopt	adopted	adopted	입양하다
☐	act	acted	acted	행동하다
☐	apologize	apologized	apologized	사과하다
☐	arrive	arrived	arrived	도착하다
☐	ask	asked	asked	요청하다
☐	ban	banned	banned	금지하다
☐	be	was/were	been	이다, 있다
☐	become	became	become	~이 되다
☐	borrow	borrowed	borrowed	빌리다
☐	break	broke	broken	깨다, 어기다
☐	build	built	built	짓다
☐	buy	bought	bought	사다
☐	call	called	called	부르다
☐	change	changed	changed	변하다, 달라지다
☐	chat	chatted	chatted	수다 떨다
☐	cheer	cheered	cheered	응원하다
☐	clap	clapped	clapped	박수를 치다
☐	come	came	come	오다
☐	crash	crashed	crashed	충돌하다
☐	decide	decided	decided	결정하다
☐	decorate	decorated	decorated	장식하다
☐	develop	developed	developed	개발하다
☐	do	did	done	하다
☐	dress	dressed	dressed	옷을 입다

☑	동사원형	과거	과거분사	뜻
☐	drink	drank	drunk	마시다
☐	eat	ate	eaten	먹다
☐	encourage	encouraged	encouraged	권하다
☐	enjoy	enjoyed	enjoyed	즐기다
☐	fall	fell	fallen	넘어지다
☐	feel	felt	felt	느끼다
☐	finish	finished	finished	끝내다
☐	fly	flew	flown	날다
☐	fold	folded	folded	접다
☐	follow	followed	followed	따르다
☐	forget	forgot	forgotten	잊다
☐	gain	gained	gained	얻다
☐	gather	gathered	gathered	모이다
☐	get	got	gotten, got	얻다, 받다
☐	get up	got up	gotten up, got up	일어나다
☐	give	gave	given	주다
☐	go	went	gone	가다
☐	hate	hated	hated	싫어하다
☐	have	had	had	가지다, 있다
☐	hope	hoped	hoped	바라다
☐	hurt	hurt	hurt	아프다
☐	improve	improved	improved	향상시키다
☐	invite	invited	invited	초대하다
☐	jump	jumped	jumped	뛰다

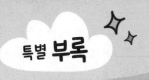

동사 변화표

☑	동사원형	과거	과거분사	뜻
☐	keep	kept	kept	~를 계속하다, 유지하다
☐	know	knew	known	알다
☐	learn	learned	learned	배우다
☐	leave	left	left	떠나다, 두고 오다
☐	like	liked	liked	좋아하다
☐	look	looked	looked	보다
☐	lose	lost	lost	잃어버리다
☐	love	loved	loved	사랑하다
☐	make	made	made	만들다
☐	make up	made up	made up	화해하다
☐	need	needed	needed	필요하다
☐	participate	participated	participated	참가하다
☐	pick	picked	picked	고르다
☐	plan	planned	planned	계획하다
☐	play	played	played	놀다
☐	prefer	preferred	preferred	더 좋아하다
☐	promise	promised	promised	약속하다
☐	rain	rained	rained	비가 오다
☐	regret	regretted	regretted	후회하다
☐	return	returned	returned	반납하다
☐	ring	rang	rung	울리다
☐	run	ran	run	달리다
☐	see	saw	seen	보다
☐	set up	set up	set up	설치하다

✔	동사원형	과거	과거분사	뜻
	sing	sang	sung	노래하다
	sit	sat	sat	앉다
	ski	skied	skied	스키 타다
	solve	solved	solved	풀다
	spend	spent	spent	보내다
	start	started	started	시작하다
	stay	stayed	stayed	머무르다
	stop	stopped	stopped	멈추다
	take	took	taken	데리고 가다, (약을) 먹다
	tell	told	told	말하다
	thank	thanked	thanked	고마워하다
	think	thought	thought	생각하다
	turn	turned	turned	변하다
	try	tried	tried	노력하다
	walk	walked	walked	걷다, 산책시키다
	want	wanted	wanted	원하다
	watch	watched	watched	보다
	wear	wore	worn	입고 있다
	win	won	won	이기다, 차지하다
	wish	wished	wished	바라다
	wonder	wondered	wondered	궁금하다
	write	wrote	written	쓰다
	yell	yelled	yelled	소리치다